Sueños de nuestra vida

Sueños de nuestra vida

José Antonio Viarengo

www.librosenred.com

Dirección General: Marcelo Perazolo
Diseño de cubierta: Laura Gissi

Está prohibida la reproducción total o parcial de este libro, su tratamiento informático, la transmisión de cualquier forma o de cualquier medio, ya sea electrónico, mecánico, por fotocopia, registro u otros métodos, sin el permiso previo escrito de los titulares del Copyright.

Primera edición en español - Impresión bajo demanda

© LibrosEnRed, 2021
Una marca registrada de Amertown International S.A.

ISBN: 978-1-62915-470-1

Para encargar más copias de este libro o conocer otros libros de esta colección visite www.librosenred.com

En nuestra vida con cierta frecuencia nos preguntamos en qué momento se sueña: si durante el día, con las ilusiones continuadas de la existencia física, o si en la noche, cuando se nos transmiten los conceptos más profundos de la verdad y de la realidad...

Agradecimientos

Quiero agradecer a Dios y al mundo de los espíritus, por hacer que yo me mantenga erguido cada mañana, cuando comienzan mis tareas diarias, y también por ayudarme con mi paciencia, con mi tolerancia y con mi empatía capacidades que me asisten para entender mejor el mundo de hoy.

A mi compañera de muchas batallas, amiga y escritora, que con su realidad tan diferente a la mía en su tiempo consciente, sirve de referencia a mis pensamientos cuando se trata de la toma de decisiones, casi siempre tan opuestas a las mías.

A mis familiares del mundo físico, que con sus opiniones y sus sugerencias proveen un camino alternativo para la mejor forma de proceder, considerando las características de mi personalidad y las huellas dejadas por la historia de mi vida.

También a mis amigos, que con sus virtudes y sus defectos me ayudaron a crecer y a conocerme mejor cada día en mi accionar social y laboral cotidianos.

Introducción

Nuestro último siglo XX ha sido testigo de muchos acontecimientos de diferente naturaleza, ha presenciado también progresos de gran importancia y asistió a tragedias de gran envergadura.

Las ciencias progresaron ostensiblemente y fueron generadoras de numerosos inventos, descubrimientos y avances que no pueden compararse con lo logrado en los siglos anteriores.

Los conocimientos adquiridos sobre la materia, la energía y las leyes de la física clásica desplazaron los límites conocidos con anterioridad.

Las ciencias naturales, biológicas y moleculares lograron un avance en sus campos de investigación, los objetivos propuestos se alcanzaron, y todo parecía accesible al hombre.

Las economías de occidente aplicaron los avances tecnológicos y así pudieron ocupar el mercado con sus productos.

No obstante, los progresos logrados en los países industrializados que accedieron a la abundancia en las sociedades no pudieron satisfacer al hombre, y la sensación de malestar fue palpable.

Con ello, el curso de la vida tomó un rumbo inesperado, generó un temor que no se comprendía, y también enfermedades psicosomáticas.

De alguna forma el ser humano se alejó de su visión espiritual, y entonces la escala de valores que sostenía otrora con tanta vehemencia cambió.

Esta visión fue percibida por algunos de los grandes líderes del siglo y que fueron reconocidos también como grandes estadistas de ese tiempo. Ellos habían pronosticado en su momento que los descendientes de esas generaciones venideras llevarían a término proyectos que las anteriores no podrían haber soñado en términos de comodidades, bienes de consumo, tiempo para el ocio y placeres no imaginados.

Pero también vislumbraron que esas mismas generaciones que se hacían acreedoras de lo mencionado sufrirían de manera notable ya que tantas cosas materiales logradas no serían sustentadas por el ser humano, porque había perdido el apoyo espiritual que necesitaba.

La soberbia y la prepotencia surgidas en el camino del encuentro con los bienes materiales habían alejado al ser humano del necesario desarrollo del intelecto, de la firmeza de carácter o de la utilidad de sus actos.

El mundo comenzó a regirse por los conceptos del espacio y el tiempo, por la ley de la causa y el efecto, que llegó a ser el eje de las ciencias naturales, y con ello accedió a un camino de una sola vía y sin retorno.

El hombre se mareó, olvidándose de que el mundo físico no es el único sino sólo una parte de la realidad.

En ese tiempo se vieron hechos trágicos con total indolencia, como si lo inmaterial no existiera. Quedaron olvidados los valores morales y espirituales del hombre de otrora.

En muchos países fue la juventud la que se pronunció en contra del mundo dominado por la técnica y el materialismo así como en contra de la sociedad de consumo, volviendo a la búsqueda espiritual de su yo.

Las juventudes lo intentaron por diferentes caminos, queriendo liberarse de muchas maneras de la tecnología que era el eje de muchas situaciones sociales, y en esa dirección cometieron muchos errores.

Los grandes pensadores y filósofos de ese tiempo auguraron que a la humanidad le aguardaban cambios espirituales realmente importantes. El hombre de hoy ha demostrado que cada persona tiene además de los cinco sentidos fuerzas y capacidades psíquicas que contradicen todas las leyes que conocemos de la materia-energía, el espacio, el tiempo y la causalidad.

El hombre moderno observó y comenzó a estudiar algunos fenómenos que estaban en la penumbra, como la lectura del pensamiento, la telepatía, la profecía, los efectos sobre la materia y las manifestaciones inexplicables que habían aparecido en todos los pueblos, desde los tiempos sin memoria.

Sin quererlo tal vez y sin demasiadas estridencias, comenzó en los últimos siglos un viaje de exploración del ser humano hacia su interior, dirigido a poder encontrarse con su alma y con su espíritu, donde todavía están en estado de somnolencia algunas fuerzas y posibilidades humanas, que todavía no pueden imaginarse.

Se dice que con este viaje se podría cerrar el círculo de los siglos, tiempo en el que comenzaría una nueva sabiduría con acceso a los conocimientos de la humanidad, que todavía la ciencia no estaba en condiciones de liberar.

También se ha escuchado que el desarrollo material ya llegó a su punto culminante y que desde hace un breve tiempo ha comenzado el tiempo del desarrollo psíquico.

En ese sendero casi todos los estudiosos están de acuerdo: opinan que los sueños son la puerta de entrada para comprender algunas pautas y mensajes. Que por medio de ellos se nos ilustra, se nos educa y se nos previene de algunas de aquellas situaciones que pueden poner en peligro nuestra existencia física.

Las capacidades poco conocidas del ser humano

Desde hace más de cuatrocientos años se festeja en Macedonia, en el día de la celebración de Santa Elena y San

Constantino, la muy conocida ceremonia religiosa del paseo sobre el fuego o pirobacia.

Se trata de una auténtica caminata sobre carbones encendidos que realizan algunas personas, preparadas de antemano para la actividad y que van y vuelven pisando sobre una pasarela de carbones encendidos, hasta que estos comienzan a apagarse.

Huelga decir que lo que hacen estas personas con capacidades especiales, como un ritual religioso del que salen indemnes y sin quemarse, convierte al hecho en un fenómeno inexplicable para la mayoría de los observadores de la ceremonia.

El paseo ritual sobre el fuego no es del todo del agrado del clero macedonio, pero tiene profundas raíces en la historia y también en el folklore del lugar.

Los protagonistas de tales acontecimientos no son fanáticos ni tampoco seres con reminiscencias primitivas, sino que se trata de los descendientes de un grupo étnico reducido que desde tiempos sin memoria se acostumbraron generacionalmente a este ritual para festejar lejanos episodios que tienen parte de historia y parte de leyenda.

Es un real acto de fe y también un testimonio de la existencia de poderes mentales, capaces de alterar las conocidas relaciones del hombre con ciertas fuerzas de la naturaleza que llegan a suspender por momentos la validez de ciertas leyes físicas y fisiológicas que imaginamos como absolutas y que asumimos hoy sin discusión alguna.

En el amplio campo de los fenómenos que no son aceptados para las ciencias académicas, el de la pirobacia es uno de los que han sido verificados y documentados, de la manera más disciplinada.

Caminatas realizadas por personas de diferentes perfiles, sin experimentar la menor muestra de quemaduras y que al finalizar la experiencia tienen una temperatura normal en los pies, lo que se presenta como un hecho inexplicable.

El paseo sobre el fuego fue observado y descripto en muchas oportunidades en países muy diferentes y distantes entre sí, como India, Japón, Hawai y otros archipiélagos.

En principio, no tendría que haber confrontación entre la metodología y los rituales académicos que tienen sustento en la vida moderna, y los rituales previos y de preparación para la realización de un hecho de pirobacia son indispensables para la realización de un acto de estas características.

Los piróbatas que realizan la experiencia se encuentran ligados a las exigencias de un psiquismo profundo que tiene que transitar ciertos rituales, para movilizar las capacidades latentes en estos sujetos, en quienes se observa un gran esfuerzo para concentrarse sin interferencias no deseadas, en los complejos requerimientos de la tradición.

Antes de la ceremonia, los piróbatas de Macedonia y de Santa Elena transitan el día de la víspera preparándose con danzas de carácter colectivas a un ritmo de tambor insólito, en el cual los bailarines emiten casi continuamente silbidos y resoplidos.

Estas características de los bailarines suspirantes no es una curiosidad folklórica sino que su razón de ser está dirigida a dominar la fisiología corpórea, con la práctica de determinadas técnicas respiratorias.

En el caso de los anastenárides o bailarines suspirantes, para llegar al particular estado de consciencia que se encuentra en la base del fenómeno, se cree que es necesario que converjan en el bailarín la respiración con ritmo y, por cierto, también la música. Se llega entonces a una concentración mística, a un éxtasis.

La música envuelve a los bailarines en su espiral de círculos iguales, pero cada vez más estrechos, que los arrastra a una profundidad insondable en que los nervios se tensan al límite y quizás más allá de este y que conducen a un continente espiritual inexplorado.

Ese lugar existe en nuestro interior, y para llegar a él es necesario recorrer el procedimiento ya conocido por medio de las técnicas adecuadas y alcanzar un equilibrio psicológico diferente al cotidiano. Con ello se ingresa a un particular estado de consciencia en el que convergen insólitas posibilidades de la mente y también por cierto del cuerpo.

El fenómeno de la pirobacia es parte de un capítulo más abarcador de la incombustibilidad, comprendido este en un gran grupo de posibilidades insospechadas del cuerpo humano.

En las personas con capacidades especiales el fuego puede quemar o no aunque parezca increíble, según la voluntad que emerge en el estado de éxtasis o de trance, del yo secreto o del yo trascendente. Él es, sin dudas, el gran protagonista de todo conocimiento inexplicable, controlando el cuerpo y llevándolo más allá de los límites conocidos de sus capacidades.

En contrario de lo que ocurre con los anastenárides, algunas personas han logrado la producción voluntaria de calor en su cuerpo, que es de origen interno y que ha sido logrado mediante un procedimiento que es al mismo tiempo: mental y fisiológico.

Lo hacen usando técnicas de retención prolongada de la respiración y en la concentración del pensamiento, que dan lugar a la aparición de capacidades parafisiológicas, que son fácilmente demostrables por medio del secado de ropas mojadas destinadas a tal fin, en ceremonias públicas vistas en los "respa" del Tibet.

Con el tiempo las costumbres del Tibet, que era otrora un universo cerrado, fueron declinando, muchas antiguas tradiciones fueron desapareciendo, y con ello las prácticas conectadas a determinados géneros de creencias y de costumbres.

Tal vez hoy ya no existan, y por ello la posibilidad de relacionar tales manifestaciones paranormales, con una visión anacrónica de la vida y del universo, también hayan desaparecido.

En el inevitable conflicto entre el mito de la ciencia académica, por un lado, y lo desconocido, por el otro, compitiendo por la supremacía de tan extenso territorio, se vislumbra una situación peculiar de compromiso por el cual la ciencia puede conservar todas sus glorias, sólo si ignora la existencia de los ámbitos externos.

Esta postura nunca podrá suprimir por completo las realidades paranormales, pero puede reducir ciertas manifestaciones de éstas, ligadas a las costumbres de los pueblos.

Por esa razón la dimensión mágica de la realidad se va reduciendo de manera progresiva en algunos campos, de ella solo quedan esbozos de muy difícil identificación, para aquellos que pueden seguirla.

Son varias las actividades inexplicables del ser humano que posibilitan las manifestaciones parafisiológicas, merced a los estados de consciencia particulares, unidos al uso adecuado de técnicas respiratorias y cuya interrupción es de alto riesgo para el ser humano que las practica.

Las proezas observadas no son menores, y las sorpresas que pueden reservar al ser humano común, así como la observación de este tipo de fisiología mística que sustituye en casos especiales a la fisiología regular, son el producto conocido de los estados especiales de la consciencia.

El interés principal de estos episodios está en el hecho de que algunos de ellos de cierta manera contradicen las leyes absolutas de la física o de los conceptos generales de la fisiología humana, que en realidad siguen siendo válidos, sólo en el campo de lo normal o esperado, en los términos aceptados por los criterios estadísticos.

Uno de los ejemplos de ellos son los límites de la resistencia humana a la fatiga, otro sería los límites del calor que puede ser producido por el metabolismo corporal.

Esos son algunos de los parámetros limitantes que conocemos, pero que no son válidos en otros contextos de diferentes estados de la consciencia humana. En realidad los límites de los temas que consideramos como valederos y ciertos no tienen en realidad un valor absoluto.

Es por ejemplo impensable que pueda ignorarse la existencia de una fisiología y de una psicología de carácter excepcional, en paralelo con la fisiología y la psicología normal.

Es difícil que se pueda aceptar hoy que algunas personas hayan podido suspender temporalmente su peso corporal y que pudieron levitar, gracias a las capacidades latentes del yo profundo. No obstante, la levitación es uno de los fenómenos paranormales mejor registrados y documentados.

Las persona místicas son las que más pruebas de tales capacidades han demostrado, pero también los mediadores de gran estirpe lo han logrado. Además de aquellas personas que aún sin saberlo tenían capacidades mediúmnicas, en especial en este último grupo el de casos del despertar de la mediumnidad púber, que casi siempre tiene algo de exagerado y turbulento en sus apariciones y en sus acciones.

En general los grandes levitadores han logrado siempre su capacidad, inmersos en el estado de trance.

Las adecuadas técnicas respiratorias pueden facilitar las prácticas parafisiológicas, pero ciertamente para lograr la levitación se necesitan también ciertas capacidades excepcionales en la persona.

La levitación es conocida como práctica de las culturas hindúes y budistas, técnicas de pertenencias orientales, en un rango de categorización entre ascéticas y fisiológicas.

Son prácticas milenarias dirigidas a lograr ciertos y específicos estados de la consciencia que algunas personas logran dominar, como el trance, el éxtasis o la concentración mística.

Los resultados se obtienen luego de una larga disciplina, una estabilidad absoluta del espíritu humano y la movilización de una fuerza psíquica resultante de la fusión del pensamiento y de la voluntad, dirigidos hacia un objetivo único. Esas son las sólidas bases absolutamente necesarias para poder conseguir las capacidades psíquicas especiales.

Todas estas metodologías insisten en prácticas destinadas a lograr con ejercicios y con fisiología un fortalecimiento de todo un grupo de órganos ocultos para lograr el despertar de la misteriosa energía existente en la persona.

Todo ello logra manifestaciones desconcertantes que han sido verificadas con rigor, en programas de trabajo experimental. Algunos de ellos han logrado verificar la acción de la voluntad sobre las funciones corpóreas que dependen del sistema nervioso vegetativo, como la respiración, la pulsación cardíaca, la presión arterial y los movimientos peristálticos del intestino.

Algunos estudios experimentales realizados hace tiempo verificaron por electrocardiografía el brusco descenso de voltaje que se producía cada vez, por voluntad dirigida del sujeto estudiado.

En determinadas situaciones la disminución de la frecuencia cardíaca era próxima al cese total, y el electrocardiograma se hacía casi imperceptible como señal de la contracción cardíaca, al punto de que el trazado mostraba un pronóstico de lo más severo. Luego de repente se revertía, y el gráfico volvía a su normalidad adquiriendo por elevación un voltaje habitual.

Algunos de los sujetos de los estudios podían mantener la respiración por el término de hasta quince minutos sin dificultades aparentes, otros demostraron poder vivir varias horas en estado de respiración tan superficial que no se podía advertir que respiraban, reduciendo también el metabolismo a sus mínimos términos.

Estos sujetos con capacidades tan especiales e insólitas que llegan a controlar sus propias funciones vitales llegan en algunos casos a producir en sus cuerpos estados de vidas latentes o anabiosis, similares a las personas a punto de morir o también de especies animales inferiores en complejidad biológica.

Los primeros puntos de encuentro entre las viejas culturas orientales con la visión occidental de la ciencia han dado lugar a una comunicación más genuina, lugar que otrora ocupaban la leyenda y el folklore, abriendo nuevos y auténtico horizontes para la cultura occidental.

El pensamiento de los estudiosos de estos temas es que todo aquello que tiene relación con los fenómenos psíquicos o con las fuerzas psíquicas de manera muy genérica debe ser estudiado.

El entrenamiento psíquico razonado y dirigido de manera científica puede conducir a resultados increíbles así como buscados y que llevados al escrito constituyen documentos invaluables dignos de atención.

También hay que considerar al respecto del estudio de estos temas que hay una fuerte tendencia a que aparezca como patológico todo aquello que es distinto y que no se entiende todavía. Algunas personas muy especiales piensan que el hombre le teme a todo aquello que no conoce.

El camino para integrar el estado inconsciente al consciente está supeditado a una personalidad diferente, valiéndose de esta situación con entera libertad, dominando la capacidad fisiológica para entrar en estado cataléptico a voluntad luego de año de ejercicios físicos, psíquicos y espirituales, siguiendo una línea moral no es siempre fácil de entender, y a veces a esas personas se les pone un rótulo diferente.

Algunas culturas orientales consiguen dominar casi completamente el cuerpo por medio de las vías espirituales, siguiendo los principios fundamentales de algunas religiones o de dogmas, adoptados hace mucho tiempo por esas culturas y que se transmiten de manera generacional.

Para el grupo humano que adoptó el principio contrario es difícil aceptar una realidad psíquica autónoma, tal vez influenciado todavía por el dualismo griego que considera separados y casi antinómicos la psiquis y el cuerpo.

Sólo recientemente se han dado los pasos iniciales para encausar un interés auténtico, respecto de los influjos ejercidos por la psiquis inconsciente sobre las funciones corporales, pero sólo en temas relacionados con los influjos negativos enteramente patológicos.

En el encuadre de los fenómenos paranormales, lo inentendible del cuerpo se confunde con los del espíritu. No puede ser de otra manera, puesto que uno y otro forman un todo sintonizado y con armonía, en el cual, cualquier intervención en alguno de los dos campos representa una convención arbitraria con riesgos de consecuencias sobre el otro.

Una de estas sorpresas es la que puede tener un fisiólogo cuando debe explicar en términos de ciencia fenómenos desconcertantes como son aquellos en los que la psiquis actúa como protagonista absoluto, puesto que puede suspender la validez de las leyes fisiológicas o físicas, tales como los casos de incombustibilidad, de levitación, de anabiosis y otros de menor frecuencia de registro.

Entre las capacidades de menor frecuencia que se conocen del ser humano, que son realmente sorprendentes y extrañas, se puede mencionar la de emitir o despedir luz, la de crear o generar olores perfumados extraños en la fisiología rutinaria, la de alargarse temporalmente o transfigurarse hasta adquirir fisonomías distintas en un todo, la de vivir sin nutrición alguna durante períodos de tiempo extraordinariamente prolongados o la de reducir su metabolismo y su frecuencia cardíaca hasta llegar al estado de anabiosis, simulando una apariencia de muerte corporal.

Sería muy difícil para un fisiólogo académico tradicional poder explicar hechos como los antes mencionados. No obstante, se han descripto los casos y se han comprobado de manera veraz. También lo sería explicar el fenómeno de la visión extrarretínica, como posibilidad varias veces descubierta.

Ninguno de los fenómenos mencionados está en desarmonía con la naturaleza, puesto que son ejemplos del producto de estados particulares de la consciencia en los que el yo latente y secreto que existe en nosotros puede mostrar su capacidad en que se pone de manifiesto una naturaleza más amplia o generosa que la que podemos conocer si nos quedamos anclados al universo físico.

En cierta forma, los estados diferentes de consciencia como la meditación, el trance y el éxtasis pueden compararse con las distintas formas particulares del sueño. En cualquier caso se trata de realidades existenciales diferentes, y es posible que también se trate de realidades fundamentales, puesto que pueden regir sobre las leyes de las realidades comunes o básicas.

Es casi siempre la hegemonía del psiquismo inconsciente la que asciende al nivel de la consciencia y que se conjuga con ella, llevándola con determinación a una dimensión más amplia y poco conocida.

A esta dimensión se puede acceder por capacidad natural de una persona, o también como objetivo final de un aprendizaje lento y progresivo. Puede ocurrir excepcionalmente por efecto del fervor místico.

En contra de estas realidades diferentes el hombre moderno ha edificado sus propios muros defensivos, que toma como valederos para poder vivir con cierta tranquilidad y en cierta manera protegido por sus visiones simplistas.

Algunos autores ya habían levantado su voz a principio del siglo XX alertando a las diferentes culturas del planeta que habitamos acerca de que el increíble desarrollo de las ciencias de la materia con respecto al de las ciencias relacionadas a los seres vivientes era uno de los acontecimientos de mayor tragedia en la historia de la humanidad.

También otros autores se habían preguntado con anterioridad qué habría ocurrido con estas, si la ciencia moderna hubiera aplicado toda su fuerza y su determinación en el estudio y en la dirección espiritual, en lugar de canalizarlas en el estudio de la materia.

No se puede predecir qué hubiera pasado. Tal vez luego de que se hubiera desarrollado un área como la psicología y se hubiera podido acceder a las leyes más genéricas de la actividad espiritual, se hubiera migrado luego al estudio y la investigación de la biología con ciertas características diferentes a las que tenemos. Acaso un tanto más vitalista y profundizando en las formas sensibles de los seres vivos, buceando en las fuerzas interiores no visibles y en las manifestaciones de los seres vivientes.

Se diría que el hombre de nuestros días, en lugar de considerar como hecho de importancia prioritaria el establecimiento de la veracidad y de la consistencia real de cierta capacidades humanas desconocidas ha ignorado aquellas que otrora eran consideradas como mágicas. Lo que hace es encaminar de forma deliberada su propia atención y sus genuinas energías hacia un aspecto secundario de la cuestión, logrando rotular de manera arcaica ciertas actitudes humanas.

Quizás sería mucho más interesante determinar si esas capacidades existen, puesto que de ser así la existencia de estas abriría nuevas perspectivas relacionadas con la naturaleza humana y también del universo, obligando de esta manera a considerar y tal vez a reformular ciertos postulados y dogmas científicos.

El gran número de atributos que el hombre parecía tener en otros tiempos ya no son tales a la vista del hombre moderno, que los ve sólo como simples ficciones desprovistas de realidad y que no merecen su atención.

El espíritu era considerado en tiempos pasados como un componente diferenciado del ser humano, dotado de una naturaleza propia y regido por sus propias leyes.

La psicología de hoy habla del espíritu, pero dándole otro sentido, más dirigido a entender las sensaciones y las reacciones. Gravitando especialmente en la suma de las actividades de un ser y el conjunto de sus comportamientos.

En algunas situaciones y en algunos casos, las manifestaciones espirituales son fenómenos debidamente comprobados, pero muy extraños y poco frecuentes, a los que los estudiosos de estos temas les han dedicado un gran esfuerzo de estudio.

Muchos médiums de otros tiempos producían luminosidad de su cuerpo, en el curso de las sesiones mediúmnicas. También algunas personas producían un halo de perfume que los distinguía o en algunos casos alargamiento de su cuerpo.

La transfiguración ha sido también documentada y es propia de los médiums llamados de posesión, por la cual asumen una voz, un semblante y actitudes diferentes a los de la propia personalidad.

Hace ya algunas décadas un investigador académico demostró con una experiencia programada que ciertos individuos sólo cuando se encuentran en condiciones psíquicas específicas y particulares pueden desarrollar una visión extrarretínica que puede localizarse en varios sitios anatómicos del cuerpo. La más conocida es la visión por medio de las yemas de los dedos de la mano.

Las primeras manifestaciones de la visión extrarretínica se registraron en las últimas décadas del siglo XVIII, y son numerosos los textos en los que se la menciona, ocurrida en personas dotadas en tal sentido. En esas capacidades convergen posiblemente factores psíquicos y fisiológicos, ambos de naturaleza paranormal.

Los diferentes estados de consciencia

La pregunta que con frecuencia surge es en qué momento se sueña: si en los estados de vigilia consciente, caminando sobre las ilusiones de la vida, o a la hora del reposo nocturno en estado inconsciente, cuando se nos transmiten las lecciones de la verdad y la realidad, cuando se nos estregan los conocimientos relativos al universo.

Hay algunas preguntas que el hombre se hace desde hace mucho tiempo respecto del sentido de su existencia y del universo en el cual esta se enmarca. Las respuestas posibles dependen del estado de consciencia mediante el cual se observe, para lograr alguna opción y así poder contestar esas cuestiones.

Si tomamos en cuenta la consciencia diurna, tendremos una visión de nuestro mundo externo, del control de los movimientos voluntarios de nuestro cuerpo, con un enfoque tridimensional del espacio que recibe información del ambiente donde se encuentre, por medio de los cinco sentidos de que dispone.

Todo lo que se encuentra en el universo sensible está anclado a las restricciones del espacio y también del tiempo, los que darán una respuesta específica a las preguntas fundamentales del hombre en su entorno habitual.

Los proceso mentales de la otra clase de consciencia están desvinculados de la lógica básica, además sus percepciones son independientes de los cinco sentidos, no tienen las restricciones del espacio y del tiempo. La relación entre la consciencia diurna y la nocturna ha sido motivo de discusión de muchos especialistas en la temática considerada.

El ámbito del misterioso mundo nocturno al que accedemos por la puerta de los sueños parece quedar sistemáticamente fuera del control de la consciencia diurna. Algunas personas tienen la idea de que nuestra vida nocturna es la de ausencia psíquica y de la inconsciencia, pero no es por cierto una idea precisa.

Las disciplinas como la psicología, la filosofía y la medicina han comunicado a nivel académico y también comunitario hace ya tiempo que la mente consciente es sólo una pequeña parte del psiquismo total. También, que existe una vida psíquica que llamamos inconsciente, que en principio, sería anterior a la vida consciente y más fundamental. El protagonismo de esta ocurre durante el sueño, cuando la consciencia le permite expresarse, cediendo el control.

El análisis integral de los procesos psíquicos demuestra que el inconsciente es el eje de acción de los fenómenos mentales más importantes. El estado consciente está siempre subordinado al inconsciente, y sólo una décima parte de las actividades mentales se pueden desarrollar a nivel de la consciencia, que se define como la actividad mental que se desarrolla cuando nos enfrentamos con la realidad externa, que nos obliga a actuar o proceder de alguna manera.

Cuando se habla del estado inconsciente, por el contrario, se dice en realidad que cierta experiencia es ajena al esquema de control mental. Se lo considera, por tanto, como un elemento difícil de captar y de recordar.

Pero a su vez nuestro mundo diurno, es también inconsciente de nuestra experiencia onírica nocturna, y viceversa, como lo es el mundo nocturno respecto de nuestra experiencia diurna o de estado de vigilia. Son diversos estados mentales que se refieren a diferentes modos existenciales.

El elemento más relevante que permite valorar la importancia de este psiquismo nocturno e inconsciente es el sueño. Para ser más preciso, aquella pequeña parte del psiquismo que deja algún rastro en la memoria consciente.

La idea más elemental relativa a los sueños es que en la mayoría de los casos se trata de imágenes fragmentarias, a veces confusas y enigmáticas, susceptibles de corresponder a algún significado revelador, relacionado con el accionar propio del yo profundo.

Además de los sueños comunes de cada persona, hay otras categorías de presentación insólita, que nos revelan capacidades y conocimientos del psiquismo profundo, que no podríamos ni sospechar.

En el grupo de los sueños especiales, en primera consideración están los sueños precognitivos, que de manera inexplicable anticipan el conocimiento del futuro, de eventos trágicos o de eventos de naturaleza corriente, a veces con imágenes simbólicas, y en ocasiones con imágenes muy realistas.

De los sueños premonitorios se han ocupado los textos sagrados de varias religiones, creencias populares y tradiciones. De ellos hay gran cantidad de testimonios acumulados, y la gran frecuencia de acontecimientos oníricos puede depender del hecho de que éstos queden impresos más fácilmente en la memoria consciente, y se debe probablemente a la naturaleza trágica de estos. Ellos no sólo se graban en la memoria individual, sino también en la memoria colectiva, que a veces los convierte en leyendas, producto de la tradición oral o escrita.

A veces se trata tan sólo de sueños simples relacionados con acontecimientos humanos a los que se refieren, y por ello son de gran interés teórico para demostrar la actividad precognitiva nocturna que, por cierto, no siempre está relacionada con motivaciones personales de gran importancia. Es como si la mente se orientase hacia esos recuerdos de cara al futuro, con la misma indiferencia con que suele evocar los recuerdos del pasado.

La precognición onírica puede obligarnos en algunas situaciones a ampliar los horizontes de nuestros conocimientos. Los episodios revisados muestran que la realidad sugestiva del sueño puede tener confrontaciones objetivas y precisas con la realidad diurna. Es decir que la subjetividad del psiquismo onírico no es tan inalcanzable como se creía otrora.

Estos fenómenos, aunque deben ser todavía evaluados con todo rigor, están casi siempre expuestos a ser relegados a la categoría de eventos marginales o llanamente a no ser considerados por las ciencias académicas.

No conviene tampoco aceptar las clasificaciones realizadas a priori por las ciencias, realizadas en el ámbito en el que el conocimiento no acostumbra llevar etiquetas, pero que sin embargo están dispuestas a extender la divulgación de lo conocido al sentido común de los niveles comunitarios.

Hubo en el mundo moderno algunos estudiosos que han conseguido estudiar la precognición onírica, con un planteo teórico junto a un método experimental confiable. Algunos de estos pioneros eran también sensitivos, es decir, sujetos cuya mente se mostraba abierta de manera especial a ciertas percepciones inexplicables que cursan por afuera de nuestros cinco sentidos.

Uno de ellos logró poner a punto una técnica que le permitía, apenas lograba despertar en las mañanas, evocar algunos sucesos de la noche para transcribirlos luego a un registro metódico, con el objeto de poder determinar cuáles acontecimientos de los registrados resultaban de carácter precognitivo.

Luego les asignó una tarea similar a pacientes y amigos que tuvieran la determinación de querer participar del estudio, estableciendo por medio de ciertas reglas una forma de trabajo que permitiera minimizar los errores de métodos y de valoración.

Después de mucho tiempo de trabajo por parte de los experimentadores, tuvo el caudal de información necesaria para poder presentar algunas características generales de la precognición onírica, que parecen confirmadas, al menos en parte, por los investigadores más recientes.

El hallazgo más importante es el relativo al carácter de continuidad de la actividad precognitiva nocturna, que se cree es independiente de los acontecimientos que la generan o que la manifiestan.

Teniendo en cuenta lo que aseveran algunos investigadores, todas las personas sueñan de noche con el futuro, en lo que respecta a aspectos de lo que deseamos con fervor o a temas no tan significativos para nuestra vida. Pero son pocas personas las que pueden recordar lo que soñaron cuando despiertan.

Eso depende en gran medida de la tendencia determinante que posee la consciencia diurna a borrar, ni bien la persona despierta, las huellas residuales de las aventuras oníricas de la noche. Unido a esto también está el hecho de que la mente del sujeto durmiente suele facilitar las interpretaciones no válidas a casi todo lo que percibe, con lo que disminuye a priori la veracidad de los sueños precognitivos.

El yo profundo tiene la tendencia a mezclar por asociaciones de ideas dos clases de imágenes que desde el cristal de la consciencia diurna son heterogéneas: las que proceden de las experiencias pasadas y las otras, relacionadas con las experiencias que van a ocurrir.

Esto pone en consideración otra característica importante del psiquismo profundo, nos permite el acceso a un universo más amplio en el que percibimos que rigen otras leyes muy diferentes y de un espectro más amplio. Esta impresión se confirma con la aceptación de otros tipos de sueños excepcionales: los "grandes sueños" que nos permiten adentrarnos en las realidades lejanas.

Los grandes sueños tienen un aspecto diferente y particular, son vívidos en extremo; lo que nos hace pensar en una participación activa de cierto plano de la esfera consciente que le comunica al sujeto una profunda emoción que lo empuja a realizar alguna tarea una vez que despertó o tan sólo a contar a las personas cercanas el tema y las características de lo que ha soñado.

Es el mecanismo por el cual a veces una realidad lejana en distancia puede darse a conocer por medio de un sueño verídico y que es posible, merced a un estado de consciencia que puede ser considerado como un sueño más lúcido, con más fuerza que los acostumbrados.

Según los registros de las crónicas, a lo largo de la historia de la humanidad, los sueños verídicos fueron relativamente frecuentes, pero sólo algunos de ellos quedaron en la impronta del mundo.

Con frecuencia los investigadores que siguen con disciplina el registro de los hechos inexplicables descubren las analogías entre sí, de los acontecimientos que se producen en lugares y en tiempos muy lejanos.

Se cree que de igual modo que el sueño anula las barreras del tiempo de una forma, puede llegar también a ignorar las del espacio. Para algunos fenómenos se estila hablar de telepatía, concebida en algunos casos como el efecto de un contacto inter-mental establecido entre personas, que están separadas unas de otras.

En otros casos, la transmisión de las imágenes captadas por el durmiente no puede atribuirse a una persona conocida. En esas situaciones, no nos queda sino asignárselo a un poder cognoscitivo autónomo de la psiquis profunda.

Nuestro psiquismo secreto tiene a veces aventuras oníricas, son aquellas vividas en común por dos protagonistas, unidos por un profundo vínculo afectivo. Son esos sueños tan vívidos entre los protagonistas, que deben ciertamente ser contados. Como ya se dijo, no parece que a veces las hipótesis de la telepatía sean suficientes para explicar todos los enigmas de los grandes sueños.

La realidad de los sueños compartidos parece válida para dar la confrontación entre la que es una de las convicciones más arraigadas en el sentido común de las personas, según la cual los seres humanos sólo serían capaces de comunicarse entre sí por medio del lenguaje escrito o hablado, y la veracidad de los mencionados sueños vívidos, que pueden incluso lograrse con los ojos abiertos si se tiene la aptitud.

Los acontecimientos registrados de los sueños compartidos por personas que tienen alguna clase de relación afectiva han sido muy estudiados por investigadores del tema de otros tiempos.

Cuando algunas de ellas son sensitivas o tienen ciertas sensibilidades que les permiten percibir alguna clase de realidad situada más allá del umbral de la consciencia común, lo escrito y lo registrado puede llegar a explicar muchas circunstancias.

Se tiene la impresión de que los sueños, o algunos sueños por lo menos, se desarrollan en una burbuja de realidad, quizás objetiva e inmaterial, que podríamos identificar como el plano inmaterial de los sueños. Según los investigadores, los sueños compartidos son mucho más frecuentes que los testimonios escritos de los cuales se dispone para la evaluación.

Se puede explicar esto por el hecho de que todos recordamos sólo un pequeño número de nuestros sueños; que lo recuerden dos personas a la mañana siguiente, el número es mucho menor es decir, la frecuencia de ocurrencia de estos hechos en el mundo real es menor.

Puede suceder que lo recuerde una de las personas, en tal caso el sueño de la noche anterior le parecerá uno de los devaneos inocentes de la mente onírica. Se dice que no recordamos nuestros sueños y que no estamos en condiciones de evaluar los pocos sueños que retenemos, debido al velo inclaudicable que separa nuestra vida psíquica nocturna de la diurna.

Sin dudas, el telón de separación tiene su razón de ser, pero también es verdad que nos impide acceder a los secretos de nuestro psiquismo desconocido. Se podría decir de una manera muy general, y sin entrar en detalles, que el escaso conocimiento de nuestros sueños es una de las causas importantes del limitado conocimiento que tenemos de nosotros mismos.

Las personas de otrora tenían a los sueños en un sitio de honor y aceptaban de buen grado las advertencias y el misterio que conllevaban. Los consideraban como el mecanismo más importante de que disponían los planos espirituales divinos para relacionarse con la inteligencia humana y para marcarle sus propias direcciones, en un lenguaje simbólico no siempre de fácil interpretación. Los mismos conceptos emergen, por tanto, en los distintos tiempos de la historia del hombre.

Los sueños vienen a veces a ayudar en aquello que parece no tener conciliación de funciones entre el psiquismo consciente y el profundo, que no puede manifestarse con libertad, excepto cuando el mencionado en primer término está en sus expresiones elementales y reducidas.

Los mensajes llegan a veces a la hora del sueño, sugiriendo lo que debemos hacer para resolver tal o cual situación. Son las antiguas intuiciones que quieren captar de alguna forma aquellos aspectos inmutables e importantes de la naturaleza humana y de sus relaciones con el universo donde transcurre su existencia.

A veces los eventos ocurridos no tienen las condiciones para que puedan ser comprendidos por la mayoría de las personas que carecen de la información necesaria, lo cual no altera en lo más mínimo la cualidad de un acontecimiento veraz con sólida certidumbre.

La singular naturaleza del hombre está dirigida por dos fuerzas complementarias, que a veces tienen tiempos de dificultades para ajustarse entre sí con armonía.

Una de ellas es el equilibrio diurno. El hombre es consciente y orgulloso de ella, pero ignora la otra fuerza por la que es guiado en gran medida y sin saberlo, o tal vez también a su pesar.

Algunas de las creencias antiguas sobreviven hoy en ciertos rituales religiosos, en los que se concibe toda iniciación religiosa como aquella que debe estar precedida de sueños, que resultan representativos, de manera clara, de una toma de contacto entre la persona que quiere iniciarse y el plano espiritual al que desea ascender.

Muchas culturas anteriores en el tiempo a la nuestra han hecho referencia al espíritu tutelar o genio bueno, atributos referidos a aquellas zonas indistintas del yo que parecen mediar entre nosotros y un psiquismo más vasto y profundo que gravita entre los instintos biológicos elementales y un plano ultraconsciente.

Cada uno de nosotros tiene una consciencia diurna que casi siempre habla con voz potente y orgullosa, que no deja escuchar la otra, que es el psiquismo profundo y secreto, que permanece en la sombra y que es el responsable de los estados especiales de la consciencia y que a veces vemos aflorar en ciertos sueños.

También conocemos otras características insólitas del psiquismo latente, que se manifiesta en ciertos sueños, que puede bucear en el pasado y no sólo en el pasado de la persona durmiente, sino también mucho más allá de los límites de las experiencias personales del durmiente.

A veces puede suceder que el sueño haga emerger a nivel de la consciencia noticias antiguas ya olvidadas o que transmita elaboraciones inconscientes de noticias adquiridas de alguna forma, pero no se puede aplicar a todos los casos de visiones oníricas retrospectivas. Las huellas dejadas por algunos sucesos en la débil memoria colectiva son con frecuencia difíciles de seguir.

También hay que recordar que las presuntas entidades que se manifiestan a veces en los sueños simbólicos, evocados por el psiquismo profundo para expresar un mensaje cognoscitivo de la forma más apropiada para que lo reciba el yo de superficie, están sujetos también a diferentes interpretaciones.

Un viejo pensamiento nos recuerda que la mente del durmiente tiene los ojos abiertos y penetrantes. A veces hay problemas del mundo real, para resolverlos es preciso armonizar la voz de los poetas con la del grupo de los estudiosos y disponer también de los aportes de la tradición en sus planos más genuinos. A eso podemos agregar que los sueños usualmente traen consejos.

Como ya sabemos, la genialidad es amiga de la simplicidad, y son muchos los descubrimientos que se conocen con certeza, que se han inspirado en un sueño o en el estado de lucidez especial, que a veces se manifiestan en el curso de ciertos sueños.

Ocurre que en ciertas situaciones, durante nuestro sueño, a pesar de las incongruencias, por algunos instantes tenemos una mayor lucidez que durante el día.

Algunas personalidades de las ciencias modernas descubrieron mediante el sueño, el camino por seguir para resolver cierta encrucijada científica, que preocupaba a su propia mente diurna.

Puede también darse el caso de que el psiquismo profundo de la persona que duerme trate de resolver los problemas de importancia a los que la consciencia diurna no ha podido darle solución, sin dejar huellas algunas en ella.

Como paradoja, esto puede ocurrir de manera imprevista, y puede suceder que los problemas se encuentren ahora luego de la noche, resueltos en la consciencia diurna sin que ella misma lo sepa, y en los niveles más profundos.

A los estudiosos del tema no les cabe duda de que todas las actividades mentales de la consciencia pueden también estar presentes en el inconsciente.

Se conoce que el sueño es amigo de los artistas, a los que ayuda, poniendo a disposición las potencias latentes del sueño creador. De igual forma, los músicos tienen también acceso secreto al mensaje creador.

Se diría que los mensajes inspirados procedentes de la psiquis profunda casi siempre han experimentado la necesidad de un enfoque dramático, para imponerse mejor a la atención de los residuos de la consciencia diurna que subyacen en el sueño.

Los hechos demuestran también que las personas comunes pueden tener acceso a los mensajes secretos de las fuentes del saber no visibles.

En el amplio campo de lo desconocido por las personas comunes, el frente está ocupado por los mediadores o médiums, de los que es necesario tomar en consideración sus opiniones y sus narraciones, tema que es independiente de las interpretaciones que ellos tienden a dar de ciertos hechos que ellos protagonizan.

Algunos de ellos reflexionan sobre sus experiencias y nos relatan que cada uno de nosotros no somos lo que creemos ser con exactitud.

En cada uno de nosotros existen capacidades latentes que ignoramos, que tenemos y que pueden ser movilizadas en una situación de emergencia con la ayuda de algún estado particular de consciencia, que tienen relación con algunas formas de sueño en que el control de la personalidad se encuentra en manos de nuestro ser secreto.

La misteriosa vida nocturna de la que es protagonista nuestra consciencia onírica es rica en experiencias mentales de importancia y se debe a las dificultades en la comunicación entre los dos planos de la personalidad de los que sólo nos llegan los ecos confusos y de manera muy esporádica.

El sueño casi siempre tiende a ayudarnos a resolver las pequeñas y las grandes dificultades, con las que nos encontramos en el desarrollo de la vida diurna de diferentes maneras.

A veces puede que nos inspire para grandes descubrimientos, para encontrar objetos extraviados, puede ser que elabore datos en torno a ciertos episodios tal vez olvidados y los clarifique, o también en ciertas situaciones puede lograr armonizar a un sujeto para un rendimiento intelectual superior, generando o estimulando capacidades insólitas en él y poniendo a su disposición conocimientos ajenos a su haber intelectual.

Las opiniones de cómo llega a ocurrir este fenómeno, y sólo para el campo de las conjeturas es que es posible que la mente casi liberada del vínculo diurno habitual y del entorno se pueda sentir en mejores condiciones a fin de dilucidar con más exactitud los problemas que debe resolver con un enfoque hacia un plano distinto de la realidad, al que sólo se puede ingresar desde el interior.

Independientemente de la manera en que se quieran interpretar los fenómenos, aflora un hecho por demás relevante, que es la vastedad del patrimonio del inconsciente, en el que existen los impulsos instintivos elementales así como un conjunto de recursos que en especiales condiciones tienden a integrar fuerzas conscientes de enriquecimiento del plano intelectual y cognoscitivo que en algunas situaciones superan las posibilidades esperadas del sujeto.

La visión un tanto más moderna relativa al sueño muestra una gran variedad y una amplitud de conceptos que van desde el criterio simplista de este hasta los conceptos limitantes en cuanto a lo que el sueño significa, en lo relativo a la función que este desempeña en la vida del hombre.

También cabe explicar lo relativo al grupo especial al que pertenecen los "grandes sueños", que tenemos que encuadrarlos en una categoría más amplia y que es el eje de estudios de algunos investigadores del tema.

Según algunas concepciones, el sueño casi siempre tiende a conseguir compensaciones en un plano de irrealidad, para que ciertos impulsos elementales encuentren su impotencia y su frustración en la existencia diurna.

Con similares concepciones a la suspensión de la función matriz y de las relaciones de vigilancia activa con el ambiente, el sueño es concebido en este enfoque como una divergencia de la realidad y como regresión a estados de psiquismo primitivo y prelógico. Es considerada la función como una de carácter inferior y de igual manera al hecho de que según esta visión en el sueño se piensa por imágenes.

Lo aceptado de manera amplia en la mayoría de los grupos y corrientes de estudio es que el sueño nos habla a veces con una mente antigua y plena de sabiduría, recurriendo a los símbolos tradicionales y no desconocidos para el sujeto durmiente.

Desde la visión de los estudiosos de la neurofisiología y de una manera general de la observación de los fenómenos oníricos, se acepta que el sueño es una expresión del lenguaje del inconsciente, que podemos escuchar durante el tiempo de reposo. Diálogo que se puede desarrollar también durante la consciencia diurna, con nuestro interlocutor secreto que aceptamos como el yo profundo.

Es un diálogo que presenta grandes dificultades y que abarca una amplia variedad de temas, debido a que se expresa en función de un dinamismo de instintos y emociones que involucran también a los aspectos superiores y sutiles de la voluntad y de la inteligencia. Aun con sus incertidumbres y sus sorpresas, es la expresión de una colaboración indispensable y un aspecto fundamental de nuestra humanidad.

Las investigaciones neurofisiológicas de tiempos relativamente recientes han logrado establecer la existencia de correlaciones interesantes entre ciertos aspectos del sueño, como fenómeno concurrente al sueño fisiológico. Con ello, el mismo fenómeno puede ser encuadrado en una perspectiva más exacta y más abarcadora, en una visión evolucionista de este.

El descubrimiento más importante y fundamental es que el sueño es una actividad psíquica necesaria y fisiológica. Aunque muchas personas afirmen con total convicción que no sueñan nunca, los estudios realizados al respecto confirman que todos tenemos nuestras aventuras oníricas nocturnas, y se ha demostrado que ocurren según ritmos regulares e inmutables.

Otro de los descubrimientos importantes confirma de manera categórica que sólo una pequeña parte de los sueños puede llegar hasta el nivel de la consciencia. De igual modo se ha establecido que nuestro organismo, por sus misteriosos motivos, pero accesible a la intuición, tiene casi siempre la necesidad de soñar, en una proporción no menor a la de dormir.

La necesidad del sueño va creciendo en la escala biológica de los seres vivientes, en la medida en que de manera progresiva recorremos las formas más evolucionadas. El desarrollo de investigaciones objetivas sobre el fenómeno del sueño es siempre interesante, en tanto se llegue a extenderlos a todas sus manifestaciones que no sean sólo las nocturnas, sino que se debe insistir también en la validez de las interpretaciones y en la utilización de los mismos métodos de investigación, según los cuales todo fenómeno psicológico, como puede ser el sueño, sea el producto de un dinamismo neurofisiológico.

La psiquis y la materia son concepciones de pensamiento que pueden considerarse no necesariamente antagónicas, pero se distinguen entre sí. Pero si existiera en una valoración el antagonismo entre una y otra, los fenómenos paranormales establecen una presunción o tienen la certeza, respecto de la dependencia de la materia, con relación a la psiquis y no a la inversa.

Si tenemos la amplitud para aceptar la idea del sueño como diálogo y colaboración entre el plano diurno de la personalidad y el plano profundo de esta, surge la necesidad de extender el concepto del sueño a todos aquellos estados de la consciencia en los cuales el psiquismo profundo tiende a colocarse en un primer plano hasta sobreponerse al yo de superficie, cuando se da la oportunidad de una depleción del nivel de vigilancia o en ciertas ocasiones se lo limita con ese propósito.

Según algunos investigadores, durante el día también el estado de sueño coexiste con el de vigilia, lo cual hace comprensible el hecho de que el diálogo entre los dos aspectos de la personalidad no se detenga nunca, aunque es posible que en la fase diurna los efectos se hagan casi imperceptibles, porque la consciencia se encuentra controlando los temas del mundo exterior.

Es conocido por casi todas las personas que incluso en pleno día existen pausas de recogimiento interno, también distracciones de la realidad sensible y vagabundeos mentales, que son aprovechados a veces por el yo profundo, para interrumpir al nivel de la consciencia imponiendo sus fantasías emocionales, o conocimientos a veces inesperados y superiores al valor cognoscitivo de la persona. Estos no son estados patológicos de regresión o de disociación.

El psiquismo profundo no puede a veces forzar de manera exitosa la barrera que lo separa del yo de superficie, pero un reflejo o impacto visceral de sus conocimientos inexplicables puede a veces llegar a la superficie, produciendo alguna manifestación visible en el cuerpo humano.

A veces una advertencia del yo profundo puede llegar a concretarse en imágenes y también en emociones, producto del mensaje telepático de una persona que está en riesgo y le transmite a otra su sensación de pánico. En ese conocido caso, se supone que el emisor y el sujeto receptor tienen un vínculo afectivo o familiar.

Las emociones y las imágenes son los instrumentos expresivos del sueño de un psiquismo extrarracional calificado de primigenio y fundamental. Ocurre que en cierta situaciones el diálogo continúa, como ignorando la consciencia diurna.

Sólo en los casos raros en que la consciencia nocturna logra modificar circunstancialmente el equilibrio en su favor, se le permite establecer contacto. Se trata de un fenómeno poco conocido, y no obstante, por su naturaleza varía su intensidad según el grado de apertura que existe en una persona, entre la consciencia de vigilia y la otra, la nocturna. Es decir que depende de la solidez de la barrera que las divide.

Existe también el sonambulismo latente, que cuando puede trata de competir con la consciencia diurna, en favor de toda nueva circunstancia que reduzca su vigilancia y su atención. El sujeto actúa impulsivamente como consecuencia de algo que se parece a un sueño con los ojos abiertos. El mundo onírico puede en ciertas condiciones tomar ventajas sobre la consciencia diurna. Estos casos no suelen ser impresiones vagas e imprecisas, sino urgencias y necesidades imperativas.

Sobre el sonambulismo latente observado y estudiado en episodios con personalidades de gran relevancia, no se conoce en qué sentido actúan los factores de evolución, pero sí es posible demostrar que el psiquismo extra consciente es más fundamental que el consciente, ya que el primero puede coordinar al segundo y casi nunca es anulado.

El mundo onírico puede invadir e incluso a veces sumergir el de la consciencia, llevando al nivel de éste sus informaciones particulares, constituyendo un aspecto de fenómenos más abarcadores y generales.

Se conoce una gran variedad de estados de consciencia diurna, casi todos ellos caracterizados por un descenso del nivel de vigilancia durante los cuales se establecen contactos entre los planos de la personalidad que pueden tener finalidades creativas, recreativas y de otra índole. Se los conoce como estados de ensoñación.

Algunos de esos estados se encuentran en la base de elevadas producciones intelectuales en cuyos ejemplos figura la contemplación artística, obras de grandes artistas escritas en estado de semitrance o en estado casi inconsciente.

Se puede entonces apreciar que los diálogos con el psiquismo latente y secreto pueden ser a veces muy determinantes, y producir también de tanto en tanto descubrimientos científicos en los campos de la química y de las matemáticas.

Existe un parangonamiento preciso entre los grandes sueños y los que sobrevienen de día, los cuales están dirigidos a liberar las potencias creativas latentes del yo profundo, y eso sucede gracias a un equilibrio muy particular de la consciencia, cuyo nivel de vigilancia exterior desciende al mismo tiempo en que se eleva el nivel interior.

Se conocen también otros estados de somnolencia o de ensoñación, como el recogimiento, la meditación y la concentración, entre otros. Algunos autores que han investigado el tema consideran que la mediumnidad en casos raros y muy limitados adquiere el poder creativo del sueño, incluso en el sentido realista y hasta su máximo nivel. En un estado de semitrance o de trance mediúmnico algunos autores han escrito poesías, han pintado cuadros o han escrito novelas.

No puede decirse por el momento que se haya profundizado demasiado el conocimiento de los estados de ensoñación desde el punto de vista psicológico y neurofisiológico, de los fenómenos conocidos como subjetivos e incontrolables. No obstante, en tiempos recientes los investigadores del tema han estudiado los estados de trance, semi-trance y éxtasis con nuevas tecnologías.

Sin dudas el universo onírico de las personas con capacidades de mediadores es especial y un tanto extraño. Todavía existen quienes creen que la mediumnidad y la clarividencia son estados enfermizos del ser humano o francamente patológicos, porque ignoran o han olvidado que al menos de noche o sin que lo sepamos, casi todos somos de alguna forma, clarividentes. Como casi siempre y en varios campos, la interpretación está dada por la medición de los parámetros elegidos.

Existen, por cierto, formas de mediumnidad que precisamente no ayudan a vivir en armonía, por el mecanismo perceptivo de esas personas, el cual se dirige con mayor dedicación a la dimensión del sueño que al universo sensible.

El extraño universo de los médiums se parece en muchos aspectos al de los sueños, observación que se apoya en el hecho de que los grandes mediadores son habituales frecuentadores del universo onírico.

Para ellos, es posible suspender voluntariamente por breves períodos de tiempo la atención de la vigilia consciente, para ser espectadores de sus propias alucinaciones como en un sueño.

Pueden detener por momentos su propio pensamiento consciente, pueden soñar despiertos, y en su cuerpo no se ven manifestaciones exteriores de esta labor mental paranormal. Tales observaciones están fundadas en certezas muy bien estudiadas.

Estos mediadores muy dotados hacen uso de sus capacidades y frecuentan con demasiada asiduidad la dimensión del sueño, y con el tiempo pueden hacer que el proceso se convierta en independiente de su voluntad. En el caso de las grandes calamidades colectivas, y por el hecho de su participación mental, el conocimiento de ciertas situaciones que ocurrirán en el futuro produce en esas personas sufrimientos a veces dramáticos.

En el extraño universo onírico en el que viven algunos mediadores, una dimensión interferida y a veces prohibida por la consciencia diurna de casi todas las personas, ellos pueden extraer con frecuencia conocimientos de diversa índole. Ella está más allá de las barreras espacio-temporales, atravesando también algunas veces vallas psicológicas mediante las cuales el yo consciente en su plano existencial se defiende de las esperadas intrusiones de las percepciones ajenas al universo sensible.

Por ahora subyacen todavía las ancianas preguntas que son las concernientes a nuestra naturaleza, también al universo en el que está inscripta nuestra existencia, y en especial aquel en el que vive y actúa el yo profundo, que es el que dirige a la consciencia onírica.

Lo más visible al observador es que tenemos la tendencia a identificarnos con nuestra mente consciente, ignorando varias extensiones por debajo de esta, cuya soberanía parece corresponder al yo secreto y profundo, desconocido para la gran mayoría y al cual se le ha dado diferentes nombres, en las grandes y antiguas culturas que nos precedieron.

Este plano de nuestro yo es el que en cierto modo hace de interlocutor a la mente consciente, es el verdadero protagonista de todas las aventuras oníricas diurnas y nocturnas, en las que el yo profundo despliega sus capacidades inexplicables.

Es muy diferente al psiquismo consciente y por tanto no encuadra con los esquemas usuales de la razón porque ignora el tiempo y el espacio, que son los dos muros divisorios y a la vez increíbles en fortaleza, entre los que nuestra razón transcurre para no extraviarse. Para él no existe la proximidad o lejanía, ni pasado ni porvenir así como tampoco la resistencia a la materia.

Por caso, el término "inconsciente" no parece ser muy justo debido a que el uso doméstico de la palabra le ha atribuido algunos significados de poco prestigio. No obstante, existe en él una polaridad luminosa y creativa, que se confirma en la perspectiva individual de cada ser al que se ha denominado de diferentes formas a lo largo de la historia y de las culturas. Se lo refiere como el huésped desconocido, el yo que trasciende, el yo subliminal, el yo íntimo, el yo intrínseco y real, o la personalidad integral subconsciente.

Las dificultades se encuentran al tratar de localizar este compañero secreto, así como en el hecho de que sus posibilidades y su luz sólo nos alcanzan cuando se opaca las del yo consciente, que es el eje en que se apoya la existencia diurna.

El universo cotidiano, el sensible, nos absorbe de tal manera que no nos damos cuenta, o nos damos cuenta solo por casualidad y de forma fugaz, de la otra modalidad existencial concerniente a nuestro psiquismo profundo y secreto, que corresponde al universo de más amplias posibilidades, que son las más fundamentales.

Se podría expresar que de alguna manera, y en muy diversas formas, la vida humana es una alternancia de estados de consciencia, que debe desarrollarse en dos planos distintos y alternados de la realidad al que corresponde un equilibrio psicológico particular.

En tanto la consciencia diurna se enfoca en el universo sensible, la nocturna se mueve con libertad, y los contactos esporádicos así como aventurados a veces entre un plano y el otro son mantenidos por los sueños en su variada calidad de orientaciones y también de significados.

Sólo algunas veces el sueño consigue establecer un contacto más completo, como si el yo secreto se expandiera hasta cubrir la mente consciente, logrando llevarla al propio plano existencial. En ese instante tenemos la posibilidad de entrever algún aspecto del universo ampliado, respecto a un acontecimiento considerado en el cual el yo secreto ha actuado.

El hecho de que se trate de una realidad poco cognoscible fue objeto de notables intuiciones de filósofos y de sociólogos que con diferente enfoque han percibido su existencia. Algunas de estas personalidades hablan de un universo de las fuerzas psíquicas, que podría estar en armonía con el de la materia y el de la energía.

Al universo psíquico se lo conoce también como la dimensión del sueño, puesto que se puede acceder a él sólo por medio de aquel particular estado de la consciencia que a veces aflora en el sueño.

Suponiendo como válido que el sueño nos sirve como buen intermediario con las profundidades desconocidas, puede ocurrir también que los contactos más importantes y esenciales sean aquellos de los cuales no nos llega ninguna respuesta.

En otras palabras se desarrollan o tienen lugar bajo la protección de aquel muro que nos separa del llamado sueño sin ensueños. Estaríamos frente a los aspectos más impenetrables del misterio, de los distintos estados de consciencia, que son los constantes desafíos de conocer más al respecto.

El hecho de que muchos estados de consciencia se verifiquen con ojos abiertos no impide la prevalencia del modo de ser onírico sobre la modalidad existencial diurna, a veces con efectos que pueden parecer casi mágicos. En la práctica, el sueño puede satisfacer cualquier deseo, no sólo en el plano ficticio.

Como sabemos, los vagabundeos oníricos de la mente van más allá de las fronteras del cuerpo. También sabemos de los extraños efectos que a veces pueden tener los sueños inconscientes de ciertos adolescentes sobre algunos objetos inanimados, así como los sueños que parecen transmitir una efímera vida a ciertas creaciones del pensamiento.

Hay también sujetos en los que la naturaleza parece haberles brindado una especial coordinación entre la mente consciente y las capacidades psicocinéticas latentes en él, a las que pueden acceder sin muchas dificultades, disponiendo de ellas a voluntad.

Algunos grandes pensadores de otros tiempos creían que nuestra vida era un sueño del que algunos llegaríamos a despertar. En esa espera, nuestra vida transcurre poblada de sueños.

Las diferentes comunicaciones con el yo profundo

El diálogo con las profundidades de nuestro ser es incierto y en la mayoría de las personas, está colmado de dificultades. No obstante, según los estudiosos del tema, el inconsciente puede reservar mensajes cuya esencia está disponible para aquellos que puedan escucharlos y para los que tengan la capacidad de poder lograr la sintonía entre el yo profundo y el de superficie.

Algunas personas pueden interceptar de vez en cuando algún mensaje del yo profundo, y eso ocurre con mayor frecuencia durante la noche en los estados de meditación, de somnolencia o de reflexión del ser humano. Otras personas parecen estar excluidas de todas sus comunicaciones, mientras que el resto recibe mensajes, pero no sabe interpretarlos o no les presta atención sencillamente.

Los investigadores modernos que estudian el modo en que tiene lugar este diálogo atribuyen al inconsciente el papel de consejero y guía, casi siempre dispuesto a intervenir de diferentes maneras, pero oportunamente, para mantener alejado de peligros al sujeto en estado de consciencia.

Es un hecho estudiado casi constante y notable que en las grandes catástrofes se registren muchas menos víctimas de lo que habría podido esperarse según las consideraciones estadísticas del caso tratado, porque en el último instante previo a esos acontecimientos una circunstancia excepcional hizo que los protagonistas se alejaran del lugar del hecho.

Las consideraciones razonables basadas en estadísticas muestran que la mayoría de las veces el derrumbamiento de un puente ocurre en el momento en que casi no había transeúntes. Un tren que cae al precipicio casi siempre transporta menos viajeros que los días que no ocurren los accidentes. Un barco que se hunde por lo general lleva menos pasajeros que en los viajes regulares.

Los estudios de datos estadísticos respecto del tráfico de viajeros por medio del ferrocarril tienden a disminuir al aproximarse al día del accidente. Es como si muchos de los posibles viajeros pudieran por algún mecanismo ser disuadidos de realizar el viaje por medio de advertencias que se tendrán que estudiar, pero es preferible a la idea que pretende atribuir al azar determinados acontecimientos que parecen inexplicables.

En la persona existen mecanismos que permiten percibir el peligro. En algunas de ellas es un instinto muy eficaz, es una suerte de pánico oculto en el inconsciente. Se trata de una manifestación precognitiva que por alguna razón no alcanza a inscribirse claramente en el plano consciente. Sin embargo, aunque permanecen en el plano de las tentativas no realizadas, algunas veces las iniciativas del yo profundo logran su propósito.

Los presentimientos son sensaciones que tenemos y que cursan por fuera de lo racional y lo consciente, pero son de gran utilidad en la vida práctica de todos los días, donde hasta el elemento más pequeño contribuye a un significativo propósito. Es un susurro de la vida que lo sabe todo, sin tener consciencia de ello.

Son un género de sensaciones muy especiales, son impulsos que parecen ser irracionales, pero que en realidad son la expresión de advertencias premonitorias, que no logran traducirse al lenguaje claro de la consciencia.

Muchas de las premoniciones que se conocen y que han sido registradas han salvado vidas humanas. Algunos autores que son investigadores del tema las designan con el nombre de "premoniciones tutelares". Su historia es antigua, y fueron registradas en los escritos de las grandes culturas de la Antigüedad.

Las premoniciones integran un extenso repertorio dentro del gran tema de los casos de precognición que tienen no sólo premoniciones diáfanas o inconscientes, sino también algunas de matiz oscuro y tenebroso.

Ciertas personas han desarrollado hábitos introspectivos, que les han permitido profundizar en el conocimiento y en el estudio de algunas de sus sensibilidades especiales.

A veces el presentimiento está asociado a ciertas manifestaciones exteriores de su cuerpo, asociado también a sensaciones que de improviso avisan que algo muy serio y peligroso está por ocurrir, acontecimientos individuales o también colectivos que afectarán a la brevedad a muchas personas.

Los estudios psicosomáticos modernos han puesto en evidencia las resonancias viscerales de muchos hechos relativos al dinamismo del inconsciente, abriendo nuevas perspectivas de estudios. El inconsciente nos envía continuamente mensajes precognitivos en clave, de cada uno de nosotros depende el poder aclarar dichos comunicados.

Los de contenidos dramáticos y tristes llevan una carga emocional mayor y son casi siempre más frecuentes, quizás debido a la intensidad del contenido emotivo. Tal vez por esa razón también están mejor documentadas las precogniciones de los desastres. Es como si las ondas emotivas generadas por estas tuvieran la posibilidad de irradiar en el tiempo.

Puesto que existen personas con los sentidos más susceptibles y desarrollados, también existen mentes que están en mejores condiciones, para captar los mensajes anticipados de algunos hechos de tristeza y desgracias individuales o de naturaleza colectiva.

Algunos investigadores que tuvieron experiencias personales de algunos de estos estados de consciencia relatan que en la espera y recorriendo el camino para llegar al semitrance describen lo vivido como ciertas sensaciones físicas en su cuerpo: con pérdida de gran parte de la consciencia de su entorno y luego la visión, la audición y emerge entonces la sensibilidad diferente, que hace hablar al sujeto diciendo lo que se le pide que revele.

Algunas de las premoniciones mejor documentadas se refieren a terremotos que destruyeron ciudades, accidentes ferroviarios y otros acontecimientos. Antes de que sucedieran esos episodios, fueron vividos en sueños y con mucho sufrimiento por estudiosos de fenómenos paranormales y por personas sensitivas, que lograron captar los hechos de esta naturaleza. Las características sobresalientes de algunos sueños premonitorios se repiten con cierta regularidad en situaciones diferentes.

Quizás uno de los episodios mejor documentados de los reflejos premonitorios fue el de la desaparición del barco de pasajeros más grande, construido para la época, en el océano Atlántico, en los primeros años del siglo XX. El hecho fue preanunciado por varias personas sensitivas, algunos videntes bien dotados, y también por algunas personas que no sabían que lo eran hasta ese momento.

Asimismo, de este hecho en particular están los testimonios, que perfilan al destino individual de algunos pasajeros y de otros que debieron embarcarse en el mencionado transporte, pero que por alguna o por varias razones, no lo hicieron.

Lo que no se entiende en estos hechos es por qué algunas personas son advertidas por el subconsciente y otras no lo son. De igual modo, por qué algunas personas de las que fueron advertidas no aceptaron la sugerencia y lograron, no obstante, evitar el peligro anunciado.

Es como si una misteriosa selección se hubiera realizado de antemano con meses o años de antelación. Es posible que todo dependa de las libertades del yo inconsciente de cada persona, para influenciar la psiquis consciente. Esta es una cualidad que varía muchísimo de un sujeto a otro, y son tal vez muchos aquellos en quienes la personalidad diurna está muy protegida de cualquier intervención del yo profundo.

También hay otros aspectos por considerar y no menos preocupantes. Por un lado, existen individuos predestinados a salvarse de cualquier situación de peligro que los amenace, por la orientación positiva de su inconsciente. Por el otro, existen individuos que aun realizando un gran esfuerzo por evitar situaciones de riesgo llegan inevitablemente a situaciones irreversibles.

Por cierto, existen casos en los que la precognición es un elemento esencial y también determinante de acontecimientos tristes que tienen una conclusión trágica, para algunas de las personas involucradas en el mensaje provisto por el sueño.

En cuanto al conocimiento del propio destino de una persona, lo relatado por algunos investigadores muestra que el saber con certeza de cada final de la vida física es propio del inconsciente que se manifiesta de diferente forma, por medio de los mensajes simbólicos o advertencias.

Para el inconsciente, dicho acontecimiento no representa un drama. Pero la mente consciente en su instinto de supervivencia resiste la idea de darse por enterada, aplicando el mecanismo de la censura. Por esa razón le es tan difícil comprender las advertencias presentadas de diferentes maneras.

En los casos que tienen relación con la precognición no diferenciada, se vislumbran prefiguraciones raras de un tema que puede llegar a ser trágico, que será desarrollado luego por el mismo sujeto con la conducción del yo secreto.

Algunos estudiosos del fenómeno precognitivo creen que cada persona guarda en su propio inconsciente una forma de registro del propio futuro. Tal vez la videncia desarrolle actividades continuamente en nuestra vida de todos los días, que es rechazada de manera sistemática en especial por la persona corriente, debido a la racionalidad de la vida consciente, que se atenúa convirtiéndose en presentimientos.

La precognición puede manifestarse de forma indistinta y no debe sorprender a los que saben que es el mismo plano del inconsciente de ese mundo onírico con conocimientos extraños donde el pensamiento es prelógico, formado y expresado casi en su totalidad por imágenes y por sonidos.

A este mundo tienen un acceso habitual los narradores, personas que por sus capacidades pueden acceder y contar lo que pasará en el futuro, aún sin sospechar lo que están haciendo. Ellos son los escritores y los poetas que describen sin saberlo acontecimientos de su vida futura.

A veces los personajes creados por los escritores son personas desconocidas para ellos, pero que existen en la realidad con los mismos nombres a los que les habían sucedido las mismas aventuras narradas en las novelas.

Los que realmente tienen la necesidad de querer explicar la naturaleza como un todo y la naturaleza humana en términos simples se encuentran con panoramas realmente inquietantes. Pero la naturaleza misma no se conforma con nuestros esquemas de vida.

Lo más impresionante que se conoce de las precogniciones y que ha sido narrada por un escritor es quizás la que se refiere al hundimiento del mayor barco de pasajeros construido en la época, al chocar con un enorme témpano en el océano Atlántico en su viaje inaugural. La narración la hizo el escritor en forma de libro, pero catorce años antes de que el accidente ocurriera.

La similitud entre lo narrado y lo que ocurrió en el mundo real es realmente sorprendente. Tratar de explicar un hecho de semejantes características sobre una base de presuntas coincidencias fortuitas es casi imposible.

También hubo en otros tiempos personas que han realizado predicciones extraordinarias, seres humanos que fueron verdaderamente cronistas del futuro, anticipándonos con precisión las realizaciones técnicas, acontecimientos políticos y sociales que eran imprevisibles.

Los contactos intermentales, la clarividencia

El espíritu humano está inmerso en las profundidades de la vida, estableciendo un contacto lo más cercano posible con la realidad. No obstante, es muy desconcertante que una persona desconocida pueda penetrar profundamente en nuestro corazón, más que nosotros mismos. La tentación de explicar fenómenos de cómo la clarividencia logra manifestarse, en términos técnicos a personas de espíritus simples, puede resultar un laberinto sin salida. Algunos reconocen la imposibilidad de explicar con soltura los increíbles efectos que producen las personas con dicha capacidad. Los fenómenos conocidos y registrados hasta el momento aceptan en la mente clarividente una doble capacidad: por un lado, la de captar noticias y recuerdos de la mente ajena que conocemos como telepatía o diapsiquia; por el otro, la de darse cuenta directamente de algunos aspectos de la realidad, sin la asistencia de los cinco sentidos. También, de manera independiente, de la posibilidad de contacto con otras mentes, por medio de una relación cognoscitiva directa, con el objeto de la propia percepción.

A la capacidad conocida como clarividencia se le han asignado otros nombres como metagnomia, telepsiquia, telestesia y otros, que en el lenguaje corriente no han tenido demasiada aceptación, ya que no se puede diferenciar fácilmente por ejemplo entre telepatía y diapsiquia.

En rigor, los contactos intermentales y la clarividencia hacia el pasado o hacia el futuro se conjugan constantemente, y se los imagina como aspectos inseparables de un único proceso cognoscitivo que traspasa nuestras posibilidades conscientes. Son en realidad modalidades sólo distintas en apariencia, de la única capacidad conocida como percepción extrasensorial (PES).

La expresión de estas capacidades en su forma más espectacular es patrimonio de muy pocas personas, y lo que pueden lograr en función de los conocimientos de otras personas y también de objetos es increíble.

Los expertos en PES nos enseñan que si los testimonios indiscutibles bastaran para aceptar la realidad de los fenómenos inexplicables como la clarividencia, así como las otras percepciones extrasensoriales, tal vez se podría difundir lo que se sabe al respecto de una manera sosegada y planificada, como cualquier conocimiento. Porque de hecho lo observado es que los casos conocidos son más frecuentes que lo imaginado.

Según algunos investigadores, la telepatía, la clarividencia, la psicometría y la precognición son capacidades extensivas de nosotros mismos, que emergen más allá de los límites elementales que podemos conocer.

Es verdad que la clarividencia y también otras PES no pueden desplegarse como capacidad cuando no están dadas las condiciones básicas, como por ejemplo, cuando el sujeto tiene plena consciencia de sí mismo y del ambiente.

Es necesario, por tanto, que llegue a un estado especial, es imprescindible para toda manifestación paranormal conocida como estado de trance, semitrance o estado crepuscular. Pero el mencionado estado de la consciencia en algunas personas puede ser tan leve que por alguna razón llegue a ser inadvertido y puede semejar una simple distracción o recogimiento interior.

Algunos sujetos proyectan una mirada fija, a veces parece una mirada de encantamiento, y otras personas parecen empeñadas en seguir una idea o evocar algún recuerdo.

En términos de fisiología cerebral, hasta el momento no es muy preciso el conocimiento del mecanismo por el cual sean presididas las mencionadas manifestaciones paranormales, o por el cual por lo menos sean acompañadas. Las investigaciones realizadas en algunos sujetos sensitivos por parte de los neurólogos, basadas en la información electroencefalográfica y en la obtenida de otros estudios, no son por el momento concluyentes.

Lo real y observado es que el elemento psicofisiológico que es determinante a los fines de la clarividencia, considerando como base la capacidad especial del sujeto que la tiene, está representado por el descenso del nivel de vigilancia de su consciencia diurna. Con ello puede manifestarse el estado de consciencia distinta en que suelen emerger a veces los sueños lúcidos nocturnos y puede entonces lograrse la conexión entre el yo de superficie y el profundo, con lo que es posible acceder de ese modo a los conocimientos trascendentales. Algunos estudiosos piensan también que el equilibrio psicológico resultante está dado por la presencia simultánea al nivel consciente de las dos caras del yo.

Los sensitivos relatan que tienen la impresión de que hay dos entidades que comparten su ser, dos inteligencias sobrepuestas una a la otra, como si fueran dos ocupantes en dos pisos distintos. En el superior la inteligencia consciente con cierta pasividad y en el piso inferior la inteligencia subliminal en plena ebullición. En términos comprensibles, es como si una llave de interrupción psíquica redujera la consciencia diurna a la mínima expresión e hiciera emerger la otra.

Para que el proceso se ponga en actividad, es suficiente que el sensitivo se ponga en contacto con el objeto que guía la mente clarividente, hacia acontecimientos lejanos en el tiempo y en el espacio, como suele suceder en la psicometría, que es, en rigor, una forma especializada de la clarividencia.

A veces los hechos observados son difíciles de clasificar puesto que en ellos confluyen elementos de varias técnicas, pero todos son abarcados por el amplio y misterioso campo de la clarividencia.

Hay personas que no creen en la existencia de la clarividencia en estado puro, es decir, en el contacto directo y autónomo de la mente con la realidad, sin la intermediación de otras mentes. Algunos estudiosos piensan que no hay ninguna situación de aparente clarividencia que no pueda ser explicada por medio de una razonable combinación de precognición y de telepatía.

La opinión entre los estudiosos de la parapsicología es que la clarividencia existe como un poder cognoscitivo autónomo y suprarracional de la mente y que ese fenómeno implica que la persona que posee esas capacidades pueda sentirse unido de una forma realista y casi mágica con el objeto considerado o también con otras personas, más allá de las separaciones y de las barreras características de cada individualidad. Muestra también los misteriosos caminos del acontecimiento en sí mismo.

En el mundo físico de cada día, y en la práctica, las manifestaciones de la clarividencia en personas dotadas son muy variadas. Las exigencias del ritual para conseguir el despliegue de la capacidad no es puramente una cuestión externa y de decoración, sino que responde a la necesidad instintiva que posee el sujeto clarividente de adaptar su capacidad a las costumbres del lugar, a los tiempos que transcurren y a las creencias de las personas del entorno social.

La historia escrita nos relata los conceptos alrededor de los cuales giraban los rituales antiguos de la clarividencia, que por cierto han estado casi siempre presentes en todos los tiempos y en todo país o cultura, para representar aquel plano desconocido que se extiende más allá de los límites de la razón.

En nuestros días algunos rituales utilizan todavía sustancias alucinógenas en algunos pueblos primitivos, sustancias que pueden contribuir a la activación del psiquismo paranormal sólo en las personas que tienen la capacidad de la clarividencia en un alto grado de desarrollo.

En la sociedad moderna los rituales actuales son muy variados, pero también mucho más simples, y ejemplos de ellos son la lectura de la mano, la interrogación de las cartas, el manejo de una varita de zahorí, la palpación de objetos inductores y la lectura en los pocillos de café; también existen los sujetos que escriben de manera automática lo que dicta el inconsciente.

Son múltiples y variados los soportes de la clarividencia, y son los motivos los que le permiten al sensitivo utilizar los reflejos condicionados, que han sido creados en él por medio de sus hábitos, para alcanzar, si le es posible, ese estado especial y crepuscular de la consciencia, que le es propicio para la manifestación de sueños verídicos con los ojos abiertos.

Como en los sueños auténticos, estas visiones obedecen en gran parte a las leyes de la semántica onírica o de los sueños, y alcanzan arquetipos simbólicos de validez personal o colectiva. Cada persona sensitiva tiene sus propios simbolismos, que reconoce y acepta como referencias para emitir sus mensajes. Son propios de cada uno y fueron desarrollados por ellos, a lo largo de la historias de sus vidas. Los reconocen y le son útiles en su accionar.

Otro gran soporte de la clarividencia está representado por los rituales mediúmnicos, los cuales no siempre presuponen la evocación de la entidades del más allá.

También existen algunas formas de juegos mediúmnicos en los que se utilizan movimientos automáticos del brazo y de la mano, que por sí mismos, sin la guía de la mente vigilante, se encargan de escribir lo que dicta el inconsciente o bien de transportar una tablilla provista de rueditas, llamada **planchette**. También puede ser un vaso que rueda de un lado a otro sobre un tablón que contiene las letras del alfabeto. Con el desplazamiento de los objetos mencionados, señalando letra por letra, se forman poco a poco las palabras, luego las frases más o menos con cierta significación, que representan la respuesta del inconsciente a las preguntas formuladas.

Se trata de una práctica más difundida de lo que se pueda creer, pero son mejor apreciados los resultados cuando las personas que realizan el ejercicio son seres dotados de cierta mediumnidad, que es como decir que son personas capaces de mantener un coloquio con el propio inconsciente, un diálogo con los propios sueños.

El inconsciente en ciertas condiciones se deja de interrogar, y es él mismo el que establece los contactos y procura las informaciones que necesita, a través del tiempo y del espacio.

Mediante los procedimientos mencionados, algunas personas pueden dialogar libremente a la distancia con el inconsciente de persona vivas, y se pueden enterar de secretos muy bien guardados por el consciente de esas mismas personas, en las condiciones habituales de la vida diurna.

Otras experiencias posibles y demostradas por algunas personas son las siguientes: dos personas religiosas y relacionadas afectivamente, sentadas a poca distancia y de espalda. Una de ellas escribe las preguntas que le llegan a la mente; la otra responde a cada una de ellas con escritura automática. Con cierta frecuencia, antes de que la interrogante termine de escribir la pregunta responde a veces de temas que no conoce en lo más mínimo.

Lo interesante es la gran variedad y los resultados obtenidos con la comunicación, mediante escritura automática y procedimientos afines. Un fenómeno de estos es el de las correspondencias cruzadas realizadas por escritura automática, ejecutadas por médiums alejados entre sí físicamente y a veces desconocidos, de fragmentos separados de un único mensaje, que sólo adquiere un sentido completo cuando los fragmentos captados por uno y otro sujeto, pueden ser integrado a un texto único. Una vez más se muestran las concepciones oceánicas de la psiquis, con sus lógicas consecuencias derivadas.

La clarividencia de un sujeto puede ser muy útil en diferentes situaciones: para la localización de personas y también para el esclarecimiento de determinadas situaciones desconocidas. Es interesante y recomendado que se haga con la presencia de estudiosos de los fenómenos paranormales, porque ellos están mejor calificados para interpretar el lenguaje y las actitudes simbólicas, utilizadas por los sensitivos cuando realizan las tareas encomendadas.

La clarividencia es una capacidad aleatoria e incontrolable, por lo que no debe considerarse como un recurso estable y seguro, en el marco referencial de una sociedad como la actual.

Es muy distinto cuando se trata de pueblos antiguos en su estado natural, no obstante muestra una de las contradicciones por la necesidad que a veces tienen las culturas actuales de los pueblos primitivos.

Cuando se pretende negar algún aspecto de la realidad, casi siempre se ponen en evidencia ciertas confusiones en los esquemas establecidos de nuestra civilización y es por caso inevitable que esta después realice maniobras a su favor.

Eso ocurre con frecuencia en el trabajo de personas que tienen la capacidad de la videncia, en comparación con otras que tienen también capacidades y cuyos resultados de actuación presentan a veces opiniones contrapuestas.

Los investigadores que han aplicado el cálculo estadístico a los fenómenos paranormales han demostrado con una larga experiencia de más de tres décadas que la precognición extrasensorial (PES), sea de origen telepático o de fuente clarividente, es un fenómeno universal y se manifiesta en algunos sujetos con mayor o menor intensidad y resultados que en otros, y esto no sorprende, ya que es patrimonio del yo profundo que hace oír su voz.

Lo observado es que en los experimentos cuantitativos se logran mejores resultados en los sujetos convencidos de la existencia de la percepción extrasensorial que en los que no están convencidos o son escépticos respecto de su existencia. El fenómeno PES depende también del estado de ánimo, los protagonistas, la edad y estado de salud, así como del grado de adaptación de los participantes y del influjo de ciertas sustancias suministradas en ocasiones a los participantes.

La fatiga de los participantes en la tarea incide negativamente, y la simpatía, así como la sintonía lograda entre el investigador y el sujeto participante, incide positivamente en los resultados.

En la actualidad existe todo un esfuerzo revisionista para los estudios cuantificados de PES realizados en laboratorios experimentales y también el renovado interés por los fenómenos paranormales que tienen lugar en el gran laboratorio de la vida.

Otros investigadores de los fenómenos paranormales sugieren que sin dejar de evaluar las posibilidades y las limitaciones de los métodos utilizados para el estudio de estos fenómenos, se valoren especialmente los casos espontáneos que ocurren por fuera de los laboratorios de investigación, que por cierto no son esperados y no son tampoco preparados para que ocurran, pero que al ser estudiados individualmente pueden tener un valor incalculable a los fines de la investigación.

Los conocimientos que no son nuestros

El conocimiento de verdades no depende sólo de la inteligencia puesto que más allá de los sentidos de que disponemos y de los procesos racionales, existen fuentes de saber que nos son desconocidas y que sólo son accesibles al espíritu humano.

Aun con diferente formación mental, dos personas sensitivas pueden entrar en sintonía psíquica, puede ocurrir también en personas que son médiums y videntes.

Cuando algunas de ellas acceden al trance, la visión que tienen en ese momento puede ser compartida por otra persona con capacidades similares.

El fenómeno por el cual dos mentes pueden compartir sus propios contenidos es difícil de explicar a personas que se están iniciando en el estudio y el entendimiento de las actividades paranormales.

Los fenómenos conocidos como diapsiquia y ciertas alucinaciones sufridas por varias personas respecto de un mismo tema ponen en evidencia la posibilidad de que dos o más sujetos compartan el mismo contenido psíquico.

Algunas culturas orientales logran mediante el trabajo disciplinado de años establecer contactos mentales entre los discípulos y los maestros. Son contactos periódicos entre ciertos maestros espirituales y sus discípulos alejados en la distancia física, son contactos que se producen por medio de los mensajes al aire y que por cierto son mensajes telepáticos.

Se trata de una forma de concentración de pensamiento que llega al trance y presupone una sintonía establecida previamente entre las dos personas que deben comunicarse, lograda después de un entrenamiento progresivo y riguroso. No obstante, algunas personas logran captar mensajes telepáticos de su maestro sin tener entrenamiento previo.

Algunos maestros realizan la iniciación de nuevos discípulos sin ninguna explicación directa personalizada, sólo se sientan juntos unidos en la meditación y logran la sintonía necesaria, para que las ideas y las enseñanzas se vayan pasando de unos a otros sin que se pronuncien palabras de explicación.

De esta forma las mentes logran comunicarse mucho más que los pensamientos y las visiones, pueden intercambiarse experiencias complejas y a veces muy personales, difíciles de traducir a palabras.

Sintonizar con las mentes ajenas es difícil, y el antiguo secreto parece haberse perdido entre nosotros. Probablemente se deba al hecho de que el fenómeno es incompatible con las pretensiones de autonomía absoluta asumida por la personalidad consciente. Los puentes que nos unían otrora a las profundidades del ser ya no están, y con ello los caminos misteriosos que existen entre individuos no son visibles para poder transitarlos.

Los contactos intermentales desempeñan un rol definitorio al menos en las primeras edades de la vida, y esto ya ha sido demostrado por medio de estudios realizados sobre las relaciones telepáticas y fisiológicas continuadas en el tiempo, entre la madre y el hijo.

Algunos investigadores confirman la particular receptividad de la mente infantil, respecto al aprendizaje de lenguas y otras disciplinas. Ellos creen que tiene un notable componente de percepción extrasensorial.

Con posterioridad, el desarrollo de la personalidad consciente puede llegar a inhibir el fenómeno como una consecuencia que puede ocurrir o no.

En cuanto a la consideración de razones biológicas, las especies vivientes están siempre subordinadas a esquemas de selección evolutiva, y algunos estudiosos piensan que tendríamos que dirigirnos más a la comunión que a la comunicación, pero es bastante visible que sucede lo contrario.

Los tiempos modernos son cautivos de la velocidad, exaltan los individualismos y repudian las nostalgias de unidad que, no obstante, afloran mediante las concepciones religiosas y filosóficas, por un continuo y persistente reclamo a las realidades humanas fundamentales.

Pero también están los sujetos rebeldes, que van contra la corriente y que prefieren mantener los contactos con las profundidades del ser, como elección personal indiscutible.

La búsqueda obstinada de la sintonía psíquica es algo que puede ser efecto de una disposición espiritual más que mental, lo que nos lleva a planteamientos del misterioso problema que representa el conocimiento intuitivo de las personas, la unidad de la raza humana y también a que no existen barreras a nivel del inconsciente.

Pero son muy endebles las voces que van en contra de las corrientes mayoritarias y más frecuentes, aportando ideas y conceptos sobre el misterio del ser, que sin dudas sería conveniente escuchar.

Los estudiosos del tema, en especial aquellos que también tienen formación científica, pero que están abiertos a muchas otras realidades, han escrito que la completa independencia de cada uno de nosotros respecto a otros individuos y también del mundo cósmico es sólo una ilusión. Porque no lo somos, no somos independientes de otros individuos.

Podemos en cierto modo suponer que una comunicación telepática consista en un encuentro, fuera de las dimensiones de nuestro universo, de las partes inmateriales de dos conciencias.

Estos encuentros pueden tener a veces efectos especiales e inesperados, producto de una sintonía psíquica lograda en un momento dado entre dos personas con capacidades especiales, médiums o sensitivos, que sin llegar a proponérselo y proveniente de dos culturas muy diferentes, con idiomas extraños totalmente uno y otro, puedan llegar a entenderse porque uno de ellos de pronto, y casi sin saber cómo, comienza a comprender y también a hablar el idioma del otro.

Esta es una de las manifestaciones de la sintonía psíquica que en ciertas oportunidades de las que se conocen puede conducir a dos mentes a un funcionamiento coordinado con excelente perfección y a la vez; es una de las tantas formas existentes de la obtención y utilización, temporal o permanente, de conocimientos gratuitos e inexplicables, que afloran de improviso en ciertos sujetos con capacidad mediúmnica.

Tratar de explicar este fenómeno en nuestros tiempos a nivel comunitario y a personas que no están familiarizados con estos temas, a la luz de las teorías corrientes de la psicología y de la fisiología cerebral, es un esfuerzo con pocas posibilidades de ser bien entendido, por no decir que es un desafío casi imposible de lograr.

Algunas personas que sólo conocen su lengua materna pueden tener, en determinadas condiciones y situaciones de diálogo, conversaciones con otros seres en lenguas desconocidas y antiguas como el latín y griego, con idiomas de otros países o en algún dialecto de culturas originales indígenas.

La capacidad de poder hablar lenguas desconocidas se conoce como xenoglosia, un fenómeno raro que a veces se produce en el curso de sesiones mediúmnicas y sólo cuando el médium puede alcanzar las condiciones de trance.

Cuando están en dicho estado, algunos médiums pueden llegar a expresarse en la lengua del ser que realiza la consulta, cualquiera que ella fuese. Algunas personas que han sido médiums famosos tenían la capacidad de la xenoglosia.

En cuanto a la pregunta de con quién se ponían en contacto algunos médiums reconocidos, las opiniones de los investigadores están divididas. Algunos consideran que los médiums pueden tener la posibilidad de contactos psíquicos muy elementales: entre el mediador y el interlocutor, o entre el médium y los participantes presentes en la sesión. Otros, en cambio, creen que los médium pueden contactarse con un hipotético depósito de las memorias cósmicas individuales. Finalmente, otro grupo de estudiosos piensa que los médiums pueden realizar a veces contactos con mentes superindividuales, conocidas como supermentes.

Todas estas visiones del tema y aún otras tienen un elemento común: que presuponen la existencia de algo de carácter psíquico, que es más grande que el individuo y que puede ser alcanzado por la mente individual.

Si tenemos la amplitud y la libertad para suponer la existencia de un yo profundo y secreto, de perfiles indefinidos, que puede relacionarse con entidades psíquicas más amplias según el conocido mecanismo de la vibración de onda, podremos entender algunos hechos inexplicables.

Por cierto, estos conceptos no son compartidos por la gran mayoría de personas del plano científico, que tienen por lo general, y con excepciones, esquemas más restringidos de concepción para estos temas, en los cuales sólo hay lugar para la mente consciente y también para una pequeña fracción subconsciente muy limitada, donde confluyen los recuerdos y las impresiones de la consciencia encerradas momentáneamente.

Otrora fue conocido este mecanismo como automatismo creador de la subconsciencia, que podría explicar el ingreso de conocimientos que son nuevos para el sujeto considerado.

Existen algunos fenómenos considerados extraños y raros, de las simples posibilidades que pueden atribuirse de una manera razonable al ámbito de la subconsciencia: por caso y como ejemplo, el aflorar de antiguos recuerdos.

Se conocen casos bien descriptos y de registros muy claros y confiables, en los cuales, debido a un trauma craneano, el sujeto perdió de pronto la memoria de los idiomas que conocía y hablaba de manera cotidiana y al mismo tiempo recordó las lenguas practicadas en la juventud y que creía olvidadas. Lo extraño es que durante el largo tiempo que duró el tratamiento y hasta el momento de su total curación, no logró expresarse más que en los idiomas estudiados en su juventud, que estaban olvidados por completo.

En otros casos, en especial aquellos ocurridos durante las grandes guerras, los traumatismos craneales producidos en algunos pacientes legaban como secuelas que de manera inesperada estos hablaran en un idioma jamás estudiado o practicado así como muy lejano a su cultura original, y que una vez curados perdieran esa capacidad. Son los fenómenos inesperados y extraños los que a veces nos sorprenden. Son los pequeños prodigios que pueden llegar a producir a veces el subconsciente de algunas personas.

También es conocido el hecho, desde el siglo XX en adelante, de que la subconsciencia tiene la capacidad de elaborar las impresiones y los recuerdos que ya se han olvidado y de volver a representarlos de formas novedosas; gracias a la tarea de elaboración y de síntesis, que puede llegar a evadir a la mente consciente. Siempre, o casi siempre, de naturaleza secundaria o auxiliar, esta capacidad puede rendir tributos preciados en el ámbito de las actividades intelectuales creativas.

Hubo en otros tiempos personas con capacidad mediadora, que en ocasiones utilizaban lenguajes desconocidos y bastante extraños, que eran el fruto fantástico de elaboraciones subconscientes de algunas lenguas oficiales conocidas. Son también productos del automatismo creador al cual se le atribuyen otras creaciones subconscientes del patrimonio mental de un sujeto que fueron adquiridos por sí mismos.

El automatismo subconsciente ha sido considerado desde hace mucho tiempo como la base de la creación artística por los primeros seguidores de la corriente surrealista.

Por el contrario, la xenoglosia es algo distinto, ya que supone la capacidad de hablar idiomas que el sujeto ha ignorado siempre. Es un conocimiento extraño en su totalidad al patrimonio cultural del individuo, lo cual lo hace más inexplicable.

El aprendizaje de un idioma requiere un largo período de tiempo dedicado a ello, por un lado, y también la incorporación de nuevas nociones. Por el otro, el establecimiento progresivo de hábitos y también de reflejos condicionados particulares. Las circunstanciales intervenciones del subconsciente no son suficientes para explicar el fenómeno.

La fuente de tales conocimientos se ubica con toda evidencia fuera del reducido universo psíquico individual, hecho que ya se ha puesto en evidencia por algunos médiums más críticos e introspectivos que otros. Algunos de ellos decían que ciertas creaciones logradas mediante la escritura automática no procedían del subconsciente, donde usualmente se reflejan las imágenes y los símbolos de los conflictos cotidianos, sino que para ellos procede de una zona menos personal, que se extiende más allá de los límites de la experiencia subconsciente.

En esas experiencias les parece a los médiums haber alcanzado niveles superiores de la consciencia, en que se vinculan entre sí los diversos aspectos de la vida. Entonces veían colores extraños, vivos retratos de personas y lugares desconocidos, fragmentos de música diferente y de idiomas desconocidos. Ocurrían sensaciones semejantes a las que habían tenido aquellos que se habían dado cuenta de que sabían algo, aunque no eran capaces de explicar cómo lo habían aprendido.

En algunos países existen en la actualidad personas médiums que pueden hablar y escribir lenguajes de culturas que existieron hace treinta y tres siglos. Esto ha sido corroborado y también publicado en libros por prestigiosos profesores universitarios.

Otras personas con las mismas características de mediumnidad escribieron de manera muy rápida, por medio de la escritura automática, narraciones que estaban ambientadas en los primeros tiempos de la era cristiana. Había logrado una de ellas un escrito que había sido realizado en muy pocas horas. Esa persona tenía la impresión, de que el mencionado texto le había sido dictado.

Estamos convencidos de que se trata de una manera bastante clara de estar fuera del ámbito de las recomposiciones subconscientes de nociones adquiridas y luego olvidadas. El subconsciente no puede llegar a tener la destreza del manejo de un lenguaje en desuso y olvidado desde hace tres siglos, sin llegar a sobrepasar la esfera individual y más allá de las misma barreras temporales.

Tal vez es imprescindible llegar a concertar que el pasado que es incólume nunca deja de influenciar de alguna manera el presente de misteriosas formas, mediante contactos intertemporales que realizan las mentes de algunos seres vivos y que determinan la reviviscencia de experiencias ya vividas, una especie de transferencia de conocimiento que en algunos casos llega a constituir una auténtica transferencia de personalidad.

Estamos casi en el mismo plano de los sueños que hurgan en el pasado, pero aquí se trata de sueños lúcidos y, en consecuencia, desarrollados en pleno día y ricos en efectos prácticos inmediatos.

La vocación artística tiene diferentes orígenes, y en algunos casos son de otros seres que en ciertas circunstancias condicionan y también pueden llegar a influenciar y ayudar a personas para lograr sus propósitos.

Como ya se sabe, el fenómeno de la transferencia a veces imperativa de conocimientos y aptitudes extrañas se extiende a muchos planos del ser humano, uno de ellos es el plano artístico.

Hay escritores que sostienen que algunas de sus obras realizadas no son el producto de su trabajo sino el de otro ser que se lo ha dictado, incluso algunos de ellos ignoran el tema tratado en su trabajo y no tienen ningún conocimiento al respecto.

Ya ha sido descripto por varios autores y estudiosos que la capacidad de revivir el pasado en todos sus contenidos, con los aspectos psíquicos incluidos, es patrimonio de sólo algunas mentes clarividentes y se manifiesta en una especie de catalepsia o sueño verídico en el transcurso del cual se puede producir también la identificación con otros sujetos así como con los casos inanimados.

Según las conclusiones de calificados estudiosos, en algunas situaciones un personaje invisible podría ser quien guíe a los artistas de alguna forma, obligándolos a realizar su actividad habitual, para la cual tienen destrezas, y que realizan con frecuencia muy a pesar suyo.

También es conocido que los contactos con el pasado son a veces tortuosos y pueden producir consecuencias imposibles de prever. Ocurre de manera excepcional que ciertos artistas especializados en el tema se vean obligados a practicar destrezas que les son desconocidas, y en ése momento no tienen idea de lo que van a hacer. Si tratan de rebelarse al respecto, suelen perder su tranquilidad interior.

Las fuerzas ocultas que los obligan dan como resultado actividades artísticas por coacción que se encuentran sustraídas de toda clasificación, según los términos habituales de calificación de un trabajo.

Son expresiones de arte que parecen llevarnos a un mundo irreal y de excelencia, en el que predomina un solo elemento que hace de protagonista absoluto y que es el símbolo.

Se trata de símbolos sugestivos y tal vez fantásticos, que se renuevan sin cesar en formas y combinaciones siempre distintas, conservando cierta convergencia de significados alegóricos.

Las imágenes son de naturaleza onírica, evocan arquetipos primordiales como el símbolo femenino y materno de la vida y también el de las existencias individuales. Con frecuencia se pueden mostrar también ciertas eflorescencias, que tal vez camuflan las complejas estructuras de la personalidad humana y su renovación eterna, mediante innumerables manifestaciones individuales.

Algunos artistas rara vez están al corriente de lo que su obra significa y aun después de terminada ignoran su significado.

Asimismo, se destaca el hecho de que los artistas no pueden disponer a voluntad de sus propias obras, sino que deben esperar para poder vender sus trabajos hasta que las entidades intervinientes del mundo espiritual den su beneplácito, lo que ocurre, según lo conocido, en muy raras ocasiones.

Ha ocurrido en casi todas las áreas del arte que personas sin formación artística alguna, con muchas limitaciones culturales y con actividades laborales muy primarias y manuales, se convierten de pronto en eximios artistas, guiados según ellos por espíritus, que van modificando de manera rápida y sustancial su actividad cotidiana.

Las personas que vivencian estos hechos se encuentran en una situación un tanto delicada e incómoda para poder explicar de qué forma ocurrió la realización del trabajo, que de manera espontánea y sin ningún conocimiento específico para la tarea se puede entender, no sólo su tardía vocación, dado su nivel cultural, sino también la cantidad de obras producidas a veces en breves lapsos de tiempo.

Por cierto, siempre se encuentran los patrocinadores para estos especiales y tardíos artistas, cuya única preocupación es la posibilidad de que los espíritus guías que los asisten constantemente puedan de pronto abandonarlos. Esto ya ha ocurrido en algunas oportunidades.

El tema de los fenómenos metapsíquicos aplicados a las diferentes expresiones artísticas no es novedoso, han existido desde hace mucho tiempo y en nuestros días se manifiesta diferente en algunos aspectos.

La característica que quizás más sobresale es la de pintar o tal vez esculpir, que emerge de improviso en personas adultas que nunca habían demostrado tener aptitudes artísticas y que están desprovistas de alguna noción para esa actividad.

En general eran personas que tenían oficios manuales, casi analfabetas, o personas dotadas intelectualmente para otra actividad, completamente distinta, y que luego del impulso inicial, dieron de pronto origen a una producción vasta e interesante de obras con características anómalas, con respecto a las técnicas y al lineamiento corrientes del arte considerado de su tiempo.

Otra característica manifiesta por regla general era que estos artistas metapsíquicos trabajaban muy rápido en sus obras y a veces en condiciones muy diferentes, con respecto al resto de esa especialidad. Con frecuencia ignoraban el significado de su trabajo.

Muchos de ellos han sido clasificados por la educación regular, como infradotados al escribir al dictado de sus maestros. En su gran mayoría no escribían el texto dictado por ellos, sino que en su escritura describían otros temas de su propio interés, como les ocurre a ciertas personas en cuyo accionar predominan las directivas imperativas del inconsciente.

Algunas de ellas hasta han sido expulsadas de su clase, frente a la imposibilidad de lograr una sintonía entre la actividad de la clase educativa y sus propios intereses. Así los resultados logrados son sin duda sugestivos, pero son también improbables en el mundo real.

Otros artistas que ya tenían una información plasmada en determinadas obras lograban ahora expresarse en el nuevo tiempo de una manera diferente luego de acceder a los impulsos irreprimibles, proyectaban entonces su tarea de una manera distinta, a la presentación del trabajo que le era habitual.

A veces estos artistas que habían transformado su manera de hacer el trabajo lograban, luego de aquella actividad caótica y febril, hacer emerger personajes de todas las épocas y de los países, que pudieron frecuentemente ser verificados por investigaciones con la exactitud escenográficas de los temas.

Algunas veces estos artistas lograron sin saberlo alegorías de contenido precognitivo, de los que luego se pudo establecer correspondencia con los hechos reales, que en el tiempo de la realización de la obra artística, aún estaban por venir.

Esto es sin dudas una forma de expresión de los sueños precognitivos, cuyos contenidos verídicos sólo se ponen de manifiesto luego de que los acontecimientos reales ocurren posteriormente.

Desde una observación cuidadosa y tranquila, la producción de obras de arte con las características metapsíquicas descriptas se caracterizan por la rapidez con que son realizadas, la incontrolabilidad del sujeto que la realiza y tal vez, en algunas ocasiones, el contenido de conocimiento paranormal que le da un perfil específico a los sueños lúcidos.

Aun cuando no hay conocimiento paranormal, emerge en la obra de arte aquella sobreabundancia e irregularidad de contenidos fantásticos, propios de ciertas aventuras oníricas.

Es el otro yo profundo que impone a la mente consciente sus visiones en los sueños que gravitan tanto en la órbita de la realidad paranormal, como en la órbita de la fantasía, y es la que obliga a estos artistas metapsíquicos a la transcripción pictórica inmediata de las imágenes recibidas por el sujeto cuando está realizando la obra.

En su esencia más tangible, la pintura metapsíquica es la capacidad que poseen algunos artistas de crear su obra, a partir de sus propios sueños a ojos abiertos. En términos de sociabilidad del trabajo, los sitúa en el mismo plano que el arte en general, con la sola diferencia del grado de intensidad y la participación en la obra del inconsciente, que actúa como director mayoritario de la tarea.

En estas situaciones tan plenas de convulsiones, de la inspiración que emerge de modo imperioso y turbulento del yo profundo, existe tal vez un punto de encuentro y también una posible coincidencia entre dos fenómenos en apariencia tan diferentes como la mediumnidad y el arte.

La obra de arte que todavía no ha sido creada tiende a imponerse a la voluntad consciente de manera imperativa o con sutil sagacidad sin preocuparse en lo más mínimo del bienestar o de los intereses personales del sujeto, en referencia al arte en general. Se trata de un componente autónomo y creativo de algo que trata de salir a la luz por todos los medios, de manera independiente a las jerarquías de la consciencia.

Con referencia a estos afloramientos imprevistos de conocimientos e impulsos creativos del inconsciente, se ha estudiado y escrito mucho. Algunos estudiosos lo definen como una presencia nueva y extraña, no deseada ni tampoco buscada, que se introduce en la consciencia. Sin duda alguna, la energía desconocida la hace surgir y entrar en la mente, donde asume un rol consciente.

Algunos autores piensan que las obras de arte que afloran de situaciones metapsíquicas del yo profundo a veces rechazadas por la consciencia diurna reflejan otros puntos de vista y se expresan de una manera distinta. Por caso, trascienden las dimensiones individuales del artista.

Según los investigadores del tema, se trata de una ampliación de horizontes que de alguna forma implica la renuncia a las visiones de tipo tradicional humana y que es en esencia un salto evolutivo del progreso del ser. El rol creativo del inconsciente ha sido soslayado y a veces ignorado por mucho tiempo, con algunas excepciones, por cierto.

Algunos investigadores sugieren la idea de que no es verdad que se trabaja con la mente, en realidad solemos limitarnos

73

a escuchar a un desconocido que nos habla al oído. Algunos piensan en cuanto a la fisiología de la mente que los mejores pensamientos de un escritor son los involuntarios; son aquellos de los que él mismo se sorprende.

En la actividad creadora del artista en cuanto a su conocimiento se refiere, la obra se proyecta casi a dictado. La inspiración dirige a la mente a un plano distinto al acostumbrado, impulsado por una fuerza que se desencadena en las profundidades del ser. Es casi equivalente a decir que la mente consciente es ajena a la verdadera inspiración.

La gran extensión del inconsciente, con sus posibles conexiones con el psiquismo externo de alcance individual y universal, sirve tal vez para presentarnos la temática de la creación del artista, que linda con la del talento, así como con la del genio.

Es como si el arquetipo de una obra por realizar existiera ya en un punto misterioso, y el trabajo del artista pudiera ser el de aproximarse por medio de tentativas que se suceden unas a otras, tratando de conectarse con el futuro.

Algunos afirman que todo cuanto sabemos, presentimos o adivinamos, no nos pertenece, es sólo un reflejo de algo que ya existe en forma extra humana y en realidad inconcebible de la inteligencia universal. Ciertas realidades pueden ser expresadas con la condición de no olvidar que a veces los términos usuales suelen ser inadecuados, por ser de una realidad diferente.

La exploración de nuestra realidad está plasmada de incertidumbres, pero los hechos analizados y estudiados son casi siempre una guía eficaz. Es necesario dejarse transportar por ellos, para poder continuar con la profundización del tema.

Lo que los objetos nos relatan

Algunos objetos expresan algo, y quizás llegará el día en que la humanidad pueda ver crecer seres humanos conscientes de esa relación tan especial entre el hombre y la naturaleza en la que vive.

Desde hace mucho tiempo se conocen los objetos mensajeros, los objetos que nos dicen algo. En especial los cuadros, pero también otros objetos que parecen ser partícipes de un psiquismo misterioso, como si de pronto se insertaran en el marco existencial humano de una forma totalmente inesperada, como portadores reales de significados simbólicos, relacionados a determinada situaciones.

Son imágenes vívidas que en el caso de los cuadros, se asocian a los aspectos misteriosos de acontecimientos que causaron tristeza, pero que en algunos casos se han documentado fehacientemente, de ciertos episodios bien concretos. Una personalidad reconocida encuentra la muerte en circunstancias especiales y, a miles de kilómetros de distancia del lugar, un retrato de la mencionada persona se cae al suelo, de una manera inexplicable e inesperada.

Todos los relojes y despertadores de una casa de familia se detienen en el momento de la muerte del dueño de la casa, que se encontraba en otro lugar en ese instante. A veces estos hechos son confirmatorios de una advertencia sincrónica del evento luctuoso.

También otros objetos son portadores de mensajes de estas características, como las campanillas y los pianos que suenan solos. Otros, como las banderas, muestran un simbolismo claro y preciso, como las que se arrían con significado civil o militar.

Se han registrado casos en que en el momento de la muerte de ilustres personalidades, las banderas de los edificios, en forma inexplicable, se arriaron solas

Para algunas personas hechos como los mencionados son aceptados tácitamente como coincidencias fortuitas. Pero para otras, esa es una explicación muy básica y dudosa, que al ser aceptada queda expuesta a que se le apliquen etiquetas, y puede ser catalogada como una regresión.

Algunos insignes especialistas en psiquiatría piensan que el uso de la etiqueta en demasía suele hacerse por mera comodidad para evitar el fastidio de algunas cuidadosas investigaciones y también de ciertas observaciones de los hechos.

Encontrar una explicación razonable, suponiendo que exista, entre la muerte de una persona y la caída de un cuadro o el paro sincrónico de relojes no parece ser demasiado accesible, al menos no desde la ciencia académica y la visión causa-efecto. La consecuencia de ello es que si no hallamos las causas físicas, los acontecimientos mencionados son considerados como una causal coincidencia. Las personas con razonamiento científico piensan que el principio de causalidad tiene una validez absoluta y que está en los cimientos mismos de la ciencia.

Los autores del sincronismo, en cambio, piensan que el principio de causalidad tiene sólo un valor estadístico y que existe una ley abarcadora de un orden más general en la que todos los sucesos que se refieren a cierta situación y que coinciden en el tiempo, que sean subjetivos e inherentes a la situación psicológica del observador y también a los objetivos de este y por tanto "ajenos a este", están vinculados de alguna forma entre sí por algo más que la mera casualidad; aunque desde una visión tradicional, es decir causal, aparezcan como independientes uno de otro.

Esta vinculación misteriosa dependería de su sincronicidad, lo que equivale al hecho de que se desarrollan juntas, al mismo tiempo. El hecho de que tales sucesos constituyan componentes de una situación momentánea dada hace que de alguna forma se encuentren vinculadas por una relación de interdependencia y de semejanza.

Este principio antiguo tiene sus raíces en el pensamiento chino, en el pensamiento mágico y en el pensamiento alquimista, cuya aplicación práctica, con sus analogías y sus correspondencias, son importantes en el camino en que la naturaleza y el proceso de la vida, dirigen al hombre.

Cualquiera de las técnicas del azar según las concepciones orientales no puede estar desprovista de significado porque debe conectarse de alguna forma o manera a la situación objetiva y subjetiva de la persona que practicó la técnica azarosa.

En la antigua Grecia quien estuviese viviendo una gran preocupación atribuía a cualquier palabra oída por casualidad un valor profético de advertencia profesional.

Estas creencias tenían base en la convicción de que una simpatía universal o cósmica une a todos los seres del universo. Según ellos, no puede existir ningún hecho que no se vincule con todo el conjunto de los hechos pasados, presentes y futuros.

Para los romanos el vuelo de las aves debía tener alguna relación simbólica con las preguntas planteadas por los consultantes. Casi todas las disciplinas adivinatorias han nacido de la aplicación de ése módulo abstracto que es el símbolo a la interpretación de los acontecimientos en apariencia casuales.

Es una especie de clave universal que puede guiar a quien sepa usarlos, en los intentos de decodificar los secretos de la naturaleza que imaginamos como un todo armonioso, en el que las partes se integran según leyes de estructura relacionadas entre sí, por las homologías presuntas o también verdaderas.

Es posible que las prácticas supersticiosas no sean del agrado o aceptación de muchas personas, pero existe cierta intuición fundamental con respecto a dos aspectos relacionados entre sí por la realidad cotidiana: uno de ellos es que el azar no existe, y el otro es que existen leyes desconocidas que actúan relativizando o anulando las más conocidas por todos los seres humanos.

Se ha observado que en el plano de la vida común se verifican hechos diferentes que están vinculados entre sí y que están fuera de toda causalidad de orden física. La teoría del sincronismo representa una manera nueva de interpretar los sucesos del universo por fuera del determinismo rígido que impone la ciencia. Según ella los acontecimientos que no están ligados por la causalidad pueden presentar entre sí coincidencias significativas en el plano humano.

Se acepta desde hace mucho tiempo que la aparente inexplicabilidad de ciertos fenómenos puede estar vinculada al marco referencial o mejor dicho a la restricción del campo, en el que se acostumbra buscar las causas. Pero que si el mismo campo puede expandirse hasta incluir en él las posibles causas psíquicas de sucesos físicos determinantes, lo inexplicable puede reducirse en parte, y puede mantenerse el principio de causalidad que dentro de ciertos límites es casi inseparable del pensamiento occidental.

En cuanto a los objetos que se pueden asociar de manera misteriosa al psiquismo humano, tenemos en uno de los primeros lugares el rol de los objetos mensajeros que anuncian casi siempre y simbólicamente los acontecimientos de gran tristeza o trágicos. Con cierta frecuencia tales acontecimientos están relacionados con el psiquismo del sujeto moribundo, pero también suele ocurrir que en ellos tenga un rol importante la psiquis inconsciente de aquel que recibe la advertencia. No se puede excluir que entre ambos psiquismos se produzca una momentánea colaboración, como ocurre en el caso de las supuestas apariciones.

Sabemos que la psiquis humana de ciertos sujetos puede hacer mover objetos a la distancia, pero también tiene otras posibilidades que están siendo evaluadas. El concepto es que en este extraño universo los objetos inquietos siempre tienen algo que expresar, no por cuenta propia, por cierto, sino como instrumentos de la psiquis inconsciente de alguien, tal vez del sujeto mismo a quien la manifestación aparece asociada, o de otros sujetos que de algún modo mantienen alguna relación con él.

A veces algunos objetos son el instrumento para expresar la hostilidad de alguien, dirigida en contra de alguna persona que considera su enemigo. Los estados de enfermedad y delirio de un sujeto favorecen como forma particular de sueño que puedan tener efectos sobre un objeto relacionado con una persona determinada. Una especie de magia que podría definirse como un conjunto de efectos producidos por fuerzas desconocidas un tanto extrañas al universo físico y que hoy no pueden explicarse.

Quizás uno de los aspectos más extraños en el marco referencial de las relaciones mágicas entre la naturaleza y el hombre se vislumbra en ciertas rebeliones de objetos inanimados respecto de sus propietarios. Muchos de esos casos tienen relación con la capacidad mediúmnica de sus propietarios que ellos mismos desconocen, o con las mismas capacidades atribuidas a cierta o ciertas personas allegadas al mismo. A veces suceden cosas extrañas e increíbles que de tanto en tanto se pueden observar, pero la naturaleza ciertamente no tiene ninguna obligación de producir sólo fenómenos creíbles.

En los episodios de los objetos inquietos o rebeldes, es difícil determinar en todos los casos qué puedan expresar en términos simbólicos los mencionados. A veces los fenómenos señalan el psiquismo individual de adolescentes, y se piensa que el comportamiento anómalo de los objetos expresa un borde secreto y burlesco o por caso rebelde de la personalidad de estos adolescentes en vías de estabilización o asentamiento.

La verdad es que con cierta frecuencia los adolescentes se encuentran involucrados en aventuras muy extrañas con objetos de diferente índole, que muestran su rebeldía a veces muy inquietante. De manera excepcional, la rebelión puede ser inaudita y simultánea con muchos objetos, en contra de las leyes inmutables de la estabilidad y de la inercia.

Algunos de estos episodios culminan cuando de cierta forma se interrumpe el ensueño del adolescente, supuestamente responsable del evento propio de su psiquismo, logrando despertarlo. Al hacerlo, se reanuda la actividad cortical integral y la consecuente inhibición de esa hiperactividad diencefálica, a la que corresponderían las manifestaciones paranormales físicas.

Estos episodios se repiten en todas las latitudes y con cierta regularidad y monotonía, con pequeñas diferencias escenográficas introducidas por el desconocido protagonista. Los estudiosos modernos refieren a estos episodios como casos del fenómeno de poltergeist o espíritu duende, que tratan de ser interpretados como manifestaciones externas paranormales, con conflictos latentes en la personalidad de un sujeto mediúmnico, lo sepa este sujeto de la condición que lo vulnera o no.

La hipótesis más aceptada de estos hechos está centrada en la personalidad inmadura y quizás no integrada del adolescente, que atraviesa la crisis de la pubertad. No obstante, no es suficiente para poder explicar la variedad de casos encontrados en el mundo real, ya que algunos de ellos podrían encuadrarse en la hipótesis polipsíquica.

Las manifestaciones que suelen tener lugar en las sesiones mediúmnicas tienen aspectos fascinantes e insondables de la personalidad humana, que incluye formas de psiquismo sin medidas con los asistentes, pudiendo por caso dar lugar a filiaciones autónomas a veces rebeldes, capaces de influenciar el ambiente de diferentes maneras.

Las crónicas sobre Poltergeist en preadolescentes y adolescentes son numerosas, y entre los aspectos inquietos e incontrolables que irrumpen en la vida cotidiana, se describen también las lluvias de piedras de procedencia desconocida, cuando se hallan presentes adolescentes con capacidad mediúmnica, acontecimientos que no le causan daño a la presencia humana en su accionar.

Estos fenómenos se pueden producir cuando la persona con capacidad mediúmnica está en estado consciente, pero a veces estos fenómenos se intensifican cuando ese sujeto está en la cama durmiendo, y su agitación puede observarse. Es como si reflejaran el movido discurrir de aquella misteriosa vida de los sueños.

Estas y otras vulneraciones de las leyes físicas han ocurrido y han sido narradas por las crónicas locales, también el fuego ha sido el componente interviniente en algunos hechos.

En todos los casos conocidos, está siempre presente el adolescente varón o mujer en período de crisis puberal, pero también se conocen otros casos en los que la mediumnidad se despierta bruscamente en la edad madura, como consecuencia de enfermedades o de emociones de desgaste, y también en estas circunstancias, el despertar de las capacidades latentes está caracterizado por los acostumbrados desórdenes de objeto inanimados.

En algunas personas adultas, el inicio de sus actividades paranormales está caracterizado por el desvanecimiento de la persona médium y con ello por los episodios de objetos incontrolables que se continúan en el tiempo.

Todo lo descripto nos hace meditar en el destino singular de las personas mediadoras, cuyas capacidades no son todavía reconocidas. Algunos de estos casos concluyen con un doble diagnóstico de la persona relacionada con los episodios narrados, a saber, mediumnidad y enfermedad, cuando encontraron la ayuda profesional adecuada.

De todos los fenómenos paranormales con efectos físicos, los poltergeist son los más frecuentes. Es quizás el más conocido y es también el que se produce con similares características en cualquier país del mundo. Se han descripto en todos los tiempos, y la gran mayoría han sido estudiados por expertos, antes de registrarse en las sociedades para el estudio de los fenómenos psíquicos.

Como casi siempre ocurre en los hechos bien documentados de infestación de un lugar determinado o poltergeist, está presente el inquietante problema de los sueños adolescentes. Es posible que se trate de sueños de descontento y de rebelión. Es una válvula de escape, para liberar los instintos agresivos que han sido inhibidos en el plano consciente. De alguna forma, la adolescencia es un período de tediosa transición hacia un equilibrio psíquico y somático.

También el fenómeno se visualiza en los casos de sujetos con desarrollo físico retrasado, que es aceptado como una adolescencia dilatada y con dolor, que favorece en alguna medida las descompensaciones psíquicas y fisiológicas, que son manifestaciones de mediumnidad con efectos físicos a veces tumultuosas y agresivas.

De una manera muy general, los poltergeist causan molestias no sólo a sus víctimas directas, sino también a la Policía y a los encargados de proceder contra los desconocidos perturbadores de la paz pública. En algunos países hay grandes y detallados archivos de estos acontecimientos, episodios redactados al detalle por funcionarios a los que les tocó intervenir.

Algunos casos de poltergeist han sido monitoreados por estudiosos del tema a lo largo de todo el ciclo infestatorio en el lugar mismo donde ocurrían los hechos, que constataban también la presencia del infaltable adolescente y sus connotaciones. En acontecimientos como éstos es imposible pensar en experiencias de repetición, usadas en los laboratorios de estudios. Son eventos espontáneos, a los que es muy difícil dar una explicación.

Para estos eventos casi siempre existirá una necesidad de disponer de una idea clara y exhaustiva de los aspectos ignorados de la realidad. Para optar tendremos dos vertientes de opiniones: la de los estudiosos, casi siempre sofisticada y con resistencia a dar una opinión conclusiva, y la de los legos, que no se consideran especialistas en el tema, pero tienen una experiencia de primer orden.

En siglos anteriores, cuando el concepto de mediumnidad no existía, estos acontecimientos tenían desde un marco religioso de referencia otra explicación, en nuestros días esos conceptos son de una aceptación relativa. Se asume también que las personas supuestamente responsables de los episodios sean a veces conscientes, en referencia a los hechos que en su presencia se generan en determinados lugares. Pero también es difícil de explicar a esas personas que tienen la capacidad de médium a efectos físicos que son los responsables inconscientes de las reales manifestaciones de poltergeist.

La pregunta que casi siempre subyace es qué intentan expresar los extravagantes desórdenes que se generan y hacia dónde se dirigen las presumibles intenciones, para relacionarlas con el psiquismo humano. Las hipótesis de tales hechos apuntan a las profundas resistencias inconscientes, que se expresan precisamente en los desórdenes logrados en los lugares infestados, quizás como filiaciones rebeldes de los adolescentes o de los adultos involucrados.

También se ha formulado una hipótesis distinta, que concede un poco menos de importancia al psiquismo individual en favor del psiquismo colectivo. Tal vez los médiums son elementos catalizadores que emplean las energías psíquicas latentes en un grupo de sujetos, con una única dirección, y que podrían generar una personalidad mediúmnica diferente, y esto quizás supondría explicar algunas situaciones del oscuro campo de las infestaciones.

El protagonista involucrado en el poltergeist puede funcionar como un acumulador de todos los descontentos con inquietudes latentes de manera inevitable en toda la comunidad, dándole un desahogo tangible y concreto. Con ello tenemos los dos grupos de opinión. Se está dando de este modo lugar a la superentidad que tiene lugar en las sesiones mediúmnicas, que es autónoma y distinta, de cada personalidad singular y estable presente en la reunión.

Desde un marco referencial religioso, se admite, y no se encuentra dificultad en reconocer, que la mediumnidad es una fenomenología que tiene poco de sobrenatural y que toda actividad psíquica y psicosensorial, así como los fenómenos que se generan, están en el sujeto en estado dinámico particular, a veces no habitual. Sin excluir que tal vez pueda revelarse la intervención de seres superiores al hombre y con algunas concesiones al sentimiento, a la superstición y también a la ignorancia religiosa.

Esto amerita que tal vez se evalúe caso por caso, pero muy a menudo hay coincidencias de fuerzas naturales conocidas o desconocidas por la ciencia, pero ciertamente ignoradas por los legos en la temática.

En este campo de los fenómenos paranormales, ninguna hipótesis consigue explicar la variedad completa de los fenómenos que se mencionan en los hechos observados y estudiados por expertos en el tema.

Existen de igual manera otros casos conectados directamente con el medio ambiente y con lugares comprobadamente infestados, algunos tienen episodios antiguos registrados y también modernos, a veces llegan a tornarse en leyendas.

En algunos de esos lugares se organizaron grupos de inspección para buscar posibles picardías organizadas, pero sin resultado alguno. A veces las sorpresas se comportaban de manera extraña y parecían dotadas de voluntad y de discernimiento. En otras ocasiones, parecen manifestaciones burlescas e inocuas.

Las manifestaciones de esta clase son catalogadas como infestaciones fijas de tipo intermitentes, vinculadas más al ambiente que a la persona del médium, si bien es posible que la presencia de algún sujeto con capacidad mediúmnica receptiva sea quizás indispensable. La idea se enlaza nuevamente con los residuos psíquicos de ambientes logrando que el fenómeno se produzca. Parece guiar la mente del médium a tomar contacto con acontecimientos del pasado.

En algunos casos de lugares y ambientes infestados, el estado de conocimiento de estos fenómenos, las hipótesis formuladas y las discusiones teóricas planteadas con las personas afectadas por el ciclo infestatorio a veces duran meses. Ellas con frecuencia se agotan y abandonan el lugar y la actividad que estaban realizando en el lugar.

El público y las personas de la proximidad no siempre advierten el desarrollo de estos fenómenos de infestación, y cuando lo hacen, es porque las crónicas periodísticas suelen dar mayor relieve a los aspectos suprarreales y divertidos de tales sucesos. Pero detrás del aspecto un tanto espectacular y a veces no habitual, pueden observarse verdaderos dramas para los afectados por el fenómeno.

Se han descripto también, por parte de estudiosos y de investigadores del tema, actividades verdaderamente persecutorias de algunos poltergeist muy graves, que no es conveniente describir por los aspectos siniestros de lo ocurrido en ellos.

La atención de los estudiosos se ha ido focalizando en los objetos y en sus mensajes, así como en las fuerzas desconocidas que se sirven de ellos. Esto es en el caso de que se acepte que las entidades responsables de las persecuciones referidas sean filiaciones más o menos autónomas del psiquismo humano individual o colectivo. Hay que reconocer que a veces asumen características inquietantes de auténticas entidades maléficas, lo que demuestra hasta dónde puede extenderse aún en nuestro tiempo el espectro desconocido.

Estos hechos nos llaman a la reflexión y nos solicitan la posibilidad de ampliar los márgenes viables de las especulaciones teóricas logradas, aunque creamos que lo logrado por ese camino es solamente de tenor satisfactorio y realista.

Los viajes hacia el pasado para nuestro aprendizaje

Algunos sensitivos dotados de capacidades singulares pueden realizar en estados de consciencia especiales incursiones mentales hacia el pasado, aportándonos información muy selectiva de otros tiempos.

Ellos pueden lograr un estado sonambúlico, sea por sí mismos o como producto de un trance hipnótico. En ese estado los sujetos que son sensitivos acceden a capacidades paranormales más acentuadas, aunque a veces pierden algunas sensibilidades exteriores, como la de los estímulos dolorosos.

Estos fenómenos consisten en la adquisición de conocimientos un tanto extraños, facilitada y también guiada por los objetos de pertenencia de alguien, en el pasado. Es una de las formas de la clarividencia especializada, conocida con el nombre de psicometría, que le permite al sujeto que es sensitivo revivir episodios que pertenecen a la vida de otras personas, como sensaciones de placer, de penas y en algunos casos de honor, que marcaron los momentos cruciales de una existencia.

Todo lo descripto se produce por el efecto de un impulso guía de un objeto inanimado, que fue testigo de las alegrías o de las penas mencionadas. Es posible que en algunos casos el sensitivo psicómetra tienda a identificarse con el poseedor del objeto y a veces logre imitar con gestos y con actitudes a la otra persona.

En algunos casos en que el fenómeno es más sobresaliente, pareciera que el sensitivo deja por momentos los rasgos de su propia personalidad para asumir la del sujeto representado, lo cual nos lleva a reflexionar sobre los inquietantes casos de posesión, de obsesión y de personalidades alternantes.

Los episodios de psicometría permiten a veces revivir por algunos minutos fragmentos de historia, a partir de un objeto guía que lo relaciona con esos pasajes de tiempos pasados.

Los primeros investigadores que lograron la posibilidad de que sujetos sensitivos pudieran explorar el pasado fueron profesionales de la fisiología y de la geología, que tuvieron sus opiniones respecto a los acontecimientos de psicometría realizada por algunos sujetos sensitivos, a veces un tanto exagerados quizás por su entusiasmo con el tema.

La memoria de los objetos de los cuales hablaron algunos estudiosos en su momento es sólo una imagen pintoresca. En realidad no es la memoria de las cosas la verdadera protagonista de la psicometría, sino la del sujeto sensitivo que se ensancha de modo indefinido más allá de las experiencias personales, hasta incluir en su propia esfera un tiempo pasado que no les pertenece, pero al cual accede en virtud de su clarividencia retrospectiva, una forma válida de viaje mental al pasado.

Algunos investigadores sostienen que la memoria "no sería necesariamente" una función inmediata del cerebro. En sus opiniones, la memoria sería independiente de la materia y el cerebro. El objeto de referencia tendría la función de orientar la memoria hacia lo real y de vincularlo con el presente. Contribuiría a mantener el recuerdo útil y también a separar al menos de manera provisoria todo lo demás.

También hay quien cree que el pasado tiene una existencia propia, real e imperecedera. De similar forma, hay quien defiende la postura de que todo se desarrolla como si el estado psíquico llamado recuerdo, que se graba y queda registrado por las células cerebrales, destinado a desaparecer con ellas, se encuentra también registrado al mismo tiempo en algún sitio de manera permanente y que en lo sucesivo, será parte integrante de ese registro para siempre.

La hipótesis más creíble es que la memoria del pasado sobrepase inmensamente los límites del individuo, tal vez como atributo de un plano espiritual que comprende también la vida de la materia.

En ese camino de reconocimiento de lo inexplicable de la realidad, algunas mentes abiertas han expresado la convicción según la cual las hipótesis no son aceptadas o descartadas sobre la base de su aparente verosimilitud, sino de acuerdo con el criterio más válido del mayor o menor número de fenómenos de algún modo inexplicables, que dichas hipótesis consiguen explicar.

La reflexión es que si el pasado existe, debe encontrarse en la dimensión misma del tiempo, que encierra todo el universo material en su devenir según el concepto muy conocido de los relativistas del espacio temporal. Esta dimensión está dotada probablemente no sólo de aspectos físicos; es donde la mente del sensitivo psicómetra se interna, bajo la guía del objeto inductor de la clarividencia, y lo hace siguiendo una línea ideal cronotrópica, que se envuelve o se ovilla en el espacio-tiempo y que representa la sucesión de los instantes-acontecimientos en los que el objeto se ha encontrado involucrado en el curso de su existencia pasada.

Esta manera más moderna de representar el misterio de la psicometría no está necesariamente en contraposición con las concepciones filosóficas y psicológicas que pueden ser usadas en la explicación del fenómeno. Incluso parece que una y otra explicación representan maneras complementarias de aproximarse a una realidad probablemente polifacética de la que no se ha expresado que el aspecto fundamental sea el físico.

Hay personas que tienen la capacidad de situarse en realidades del pasado, guiadas por objetos de esos tiempos que les permiten vivenciar situaciones estando en trance, realidades que a veces se imponen con dramática evidencia al sensitivo psicómetra, con todo lo que eso implica.

En algunas experiencias realizadas de trances logrados por hipnosis, los sensitivos psicómetras que participaron de la experiencia suelen tener casi idénticas visualizaciones de imágenes en diferentes ocasiones, al ser estimulados por el mismo objeto. Debido a que están en trance, casi nunca han visto el objeto motivo del estudio, sólo lo han tocado, ya que a los mencionados objetos se los entrega en mano, considerando que el sensitivo se encuentra en un estado especial.

También es muy conocido por algunos estudiosos de la mediumnidad que algunos sensitivos despiertan de la experiencia del trance con secuelas físicas, propias de la somatización producida en su cuerpo por la experiencia en la que han participado. En general la somatización física en su cuerpo está relacionada con la experiencia visualizada y con similares característica al acontecimiento vivenciado.

Sabemos que la mediumnidad implica con bastante frecuencia una temporal herencia de dolores, recogidos como consecuencia del inevitable proceso de identificación con personas y con objetos, que han sido en su tiempo partícipes u observadores silentes de un hecho determinado. Con cierta frecuencia reconocemos hechos trágicos y muy de tanto en tanto hechos hermosos que nos reconfortan. El efecto de identificación en el sujeto suele ser mínimo, cuando el sensitivo está en estado de vigilia o semiconsciente.

Es también una situación conocida que la realidad que circunda al psicómetra reduce necesariamente en intensidad el sueño psicométrico, pero puede alcanzar puntos máximos en el trance profundo. Por el contrario, la realidad existencial del sueño evocador domina de manera indiscutible el campo psíquico del sujeto.

A veces los sufrimientos del sensitivo dependen de su identificación con cualquier objeto, que hubiera estado involucrado en situaciones que pudiesen haber resultado críticas para un ser vivo, de haberse encontrado verdaderamente en el lugar del objeto. La experiencia afecta de manera notable al sensitivo, porque para ellos no se trata de una visión, sino de una realidad vivida, respecto a la experiencia de referencia.

La sensación más terrible para el sujeto sensitivo es que en las experiencias trágicas y catastróficas de una visión ellos nos pueden hacer nada al respecto, sólo observar lo que ocurre. Están inmovilizados mientras dura esa revelación, pero pueden a veces escuchar los gritos y las voces de la gente que está vivenciando el hecho, pueden sentir el calor o el frío de la situación o del lugar, pero la impotencia mayor es que no pueden hacer lo que quisieran hacer para ayudar a resolver las circunstancias del episodio.

Estas experiencias demuestran en algunos casos que realmente son de excepcional importancia, como reafirmar la convicción de la realidad existencial del sueño, que no difiere de la consciencia diurna ni en la intensidad de las emociones, así como por la claridad y la veracidad de la visión en los reconocimientos retrospectivos.

Tales experiencias demuestran también la completa autonomía de algunos procesos mentales respecto del sistema nervioso y del conjunto de las memorias personales. Estas experiencias nos pueden ayudar a comprender otros fenómenos clasificados de manera distinta, pero no esencialmente diferentes.

La mente libre de algunos clarividentes tiene la posibilidad de volver al pasado, al pasado que no conoce, e identificarse con personas que ya no existen. Esto ocurre también en el desarrollo de algunas sesiones espiritualistas, cuando un médium se identifica temporalmente con alguien que ya no existe, según el concepto tradicional.

Tal concepto es válido para nuestra mente consciente, definida como la capacidad de percibir separada y sucesivamente, pero carece de validez para aquella consciencia distinta y supratemporal, que pertenece probablemente al yo secreto y que alguien ha definido como la consciencia de la eternidad. Quizás el enigma más irritante para nuestra razón humana es el del tiempo, que nos quita sin cesar cada segundo ya transcurrido.

No obstante, tenemos el presentimiento, de que toda nuestra realidad cotidiana existe en alguna dimensión eterna e inmutable, donde el pasado no escapa y donde el futuro no es inaccesible en lo absoluto al pensamiento presente.

El hecho es que en nuestra consciencia diurna existe el reflejo de otra parte de nosotros que no participa de esta fragmentación continua del tiempo, existe en nosotros también una consciencia de eternidad.

Existe la posibilidad de una visión retrospectiva que aflora en ciertas ocasiones en personas que ignoran que la tienen e inclusive que pueden lograrlo también sin la necesidad del trance.

Hay episodios vividos por investigadores de parafenómenos, que ponen en evidencia visiones retrospectivas de lugares que habían tenido una historia singular, y las alucinaciones producidas pueden ser sólo auditivas y a veces con imágenes.

Tal vez los contactos con el pasado sean más frecuentes de los que se cree, pero les ocurren sólo a personas dotadas de cierta capacidades mediúmnicas. Algunas se enteran de que tienen las capacidades, cuando les ocurren ciertos hechos como los mencionados.

Algunas personas que son médiums, bien dotadas, pueden tener sueños retrospectivos a ojos abiertos y a veces les ocurre cuando son niños o adolescentes, que por cierto, no conocen su significación.

Sólo algunos de ellos ven a menudo fantasmas, evocando aún sin saberlo escenas y personajes del pasado, sin advertir las particularidades anacrónicas de la visión. Esta genera particularmente mucha angustia en los jóvenes médiums, a quienes les toca vivir experiencias retrospectivas increíbles, con la lógica preocupación de los mayores de la familia, que no entienden lo que les pasa.

Se trata simplemente de mensajes visuales procedentes de puntos lejanos de un panorama sin tiempo, que nuestra mente consciente sobrevuela un instante uno tras otro, como si fuera la superposición de dos fotografías que se refieren al mismo lugar, pero obtenidas en épocas distintas.

Son afloramientos del pasado en el presente, que adquieren el aspecto irreal de un escenario de teatro, y que constituyen tan hermosa visión, que parecen haber surgido de un retrato antiguo, pero que en algunas oportunidades interactúan en diálogo con la persona médium que en ese tiempo está teniendo la visión.

Cuando la visión se desvanece, el protagonista de esa situación, que tiene capacidad mediúmnica, sospecha haber vivido durante largos instantes en el pasado. A veces su sospecha se transforma en certeza luego de haber investigado en libros de historia, haber visitado museos y haber examinado álbumes con láminas e ilustraciones antiguas así como colecciones de partituras musicales de otros tiempos.

La búsqueda brinda con frecuencia sus frutos, aportando documentos quizás con imágenes un tanto diferentes, pero aún reconocibles, con las partituras originales de la música escuchada y con los rostros de la visión, un tanto más realista y luminosa de otrora.

Si los protagonistas de la visión tuvieran la valentía y la determinación de escribir un artículo o un libro, narrando la experiencia vivida con minuciosa prolijidad, sería un aporte interesante a la difusión de estos hechos. Por lo general, los testimonios sobre hechos extraordinarios, luego de un tiempo breve en el que pueden haber generado un poco de atención, pronto son olvidados, y nadie quiere volver nuevamente a ellos, por no ser temas atractivos para la mayoría de las personas.

Algunos de los casos siguen siendo, no obstante, de gran interés para ciertos estudiosos, aún en la diversidad del planteo de tales contribuciones y de la importancia excepcional del episodio.

Se puede no estar de acuerdo en los estudios realizados por los investigadores, pero no hay problema en cuanto a los testimonios de los hechos mencionados porque éstos existen, son numerosos por lo general y también bastante notorios. Los problemas pueden presentarse en la mentalidad de quien se niega a tomarlos, o les cambian su naturaleza.

Existe también la tendencia a desmembrar el fenómeno de la retrocognición, que es en esencia único, en varios capítulos diversos incomunicados entre sí. Uno de los cuales es el concerniente a la psicometría, otro se refiere a la visión de ciertos fantasmas, y existen razones por las cuales los testimonios no parecen muchos porque se hallan dispersos en diferentes fuentes y lugares, como si fueran fragmentos de un gran mosaico de cuyas partes que se tarda tiempo y esfuerzo en unir.

Se puede comprender que las divisiones tradicionales tengan su apoyo al menos en parte, por las exigencias de exposición y estudio así como por la distinta intensidad de las manifestaciones, pero es innegable que éstas tiendan a obstaculizar una visión de fenómenos análogos. También, por el contrario, el progreso de estos estudios está vinculado a la posibilidad de lograr una visión unitaria y completa de todos los fenómenos.

Siempre en el campo de la retrocognición, no existe una diferencia sustancial entre las visiones retrospectivas que emergen en el curso del trance y las pequeñas psicometrías realizadas por sujetos, que en apariencia conservan el pleno control consciente, pero que consiguen abstraerse del ambiente lo suficiente como para escuchar la voz del yo profundo, que es el gran intermediario por medio del cual pasan todos los conocimientos inexplicables.

Esta metáfora de la voz le gusta también al yo secreto, y en ciertas circunstancias se sirve de ella a su manera. Algunas de las personas psicómetras hablan de una voz suave que les dictan los mensajes, otros hablan de voces y de imágenes que provienen de lo profundo, y los hay también que hablan de extraños recuerdos que afloran a sus mentes con imágenes y con figuras de personas conocidas.

Las modalidades del fenómeno varían de un sujeto a otro según las costumbres, las convicciones y las preferencias demostradas por el yo profundo, en cada tipo de figuraciones simbólicas necesarias para transmitir los mensajes propios y misteriosos al yo profundo. El fenómeno es único y consiste en el afloramiento de imágenes del tipo onírico, en algunos casos realistas y claros. En otros, en cambio, son imágenes simbólicas que encierran un mundo de recuerdos extraños a la vida del sensitivo y que se dejan evocar por una especie de ayuda proporcionada por el ambiente o el objeto que sirve de guía.

La psicometría es uno de los fenómenos paranormales más notables y mejor estudiados. Una prueba de ello es la extensa bibliografía escrita. Esto se debe particularmente al hecho de que entre todas las capacidades extraordinarias de la mente, los legados psicométricos son los más fáciles de examinar y controlar, porque además las experiencias pueden ser repetidas casi de manera indefinida. De forma sorprendente, cierto número de excelentes y notables médiums está casi siempre dispuesto a reproducir las experiencias ante los estudiosos y los investigadores que se interesen en ellas. Además, estas capacidades no proceden del otro mundo, sino que nacen y mueren en el mundo físico y emanan indiscutiblemente de nuestra parte interior, de la vida misma que ignoramos.

Hay estudiosos que disponen de la psicometría, como un método sistemático para hacer revivir aspectos del pasado.

Solicitan sin preámbulos la colaboración de sensitivos para investigar aspectos de un tema que es imposible saber al no haber registro de ellos, como la fonética de una lengua antigua o el comportamiento humano en un ámbito cerrado al público, como los aspectos familiares en la vida de una familia de la realeza. Algunas experiencias de esta clase muestran conclusiones ricas en detalles sugestivos y por cierto inverosímiles.

Estas visiones que fueron provistas por los sensitivos psicómetras se prestan a diversas interpretaciones, pero las visiones retrospectivas con mayor o menor grado de dramatismo nacen de nuestro ser viviente sin la necesidad de la colaboración de entidades verdaderas o presuntas.

Uno de los misterios tal vez impenetrable está representado por ciertas modalidades del viaje hacia atrás en el tiempo, que realiza la mente a lo largo de la trama témporo- espacial y que está representada por la historia de un objeto o de un ambiente.

La pregunta que surge entonces es por qué se detiene esa secuencia de hechos históricos en algunos acontecimientos puntuales y específicos y en otros no, aunque la pregunta no tiene respuesta todavía.

Puede ocurrir que sean los mismos momentos indefinibles los que inducen a quienes contemplan el panorama a centrar su atención en algunos hechos más que en otros. El panorama de la continuidad témporo-espacial es amplio e inmóvil y se extiende en las direcciones del tiempo.

Sólo en el terreno de la conjetura para el caso de la psicometría, al atraer la atención de una mente clarividente en un acontecimiento histórico relacionado con un objeto o un medio ambiente, los acontecimientos son capaces de transmitir al sujeto una carga emotiva más fuerte.

Las personas sensitivas en su convicción hablan de las sensaciones de vibración o de los fluidos que ellos perciben de los objetos que estarían cargados, pero no se sabe hasta qué punto tales analogías sugeridas por el mundo sensible sirven con cierto grado de veracidad para expresar las características desconocidas de una realidad sustancialmente extraña a nuestro psiquismo consciente.

En un contexto de evaluación, esas conjeturas pueden servir con fines prácticos de una posible explicación, pero el significado preciso en términos físicos debe ser investigado para llegar en algún momento a conclusiones firmes.

Existe, no obstante, un hecho por considerar y es que el objeto o el ambiente tienen un valor determinante, en el sentido de que no puede prescindirse de uno o de otro y de esa forma, el proceso de la psicometría tenga lugar y comience. Una vez que esta se ha iniciado, continúa aún después de que el objeto inductor sea destruido por algún procedimiento, como por el fuego u otro mecanismo.

Se acepta entonces el hecho de que la mente del sensitivo se vale del objeto para iniciar el proceso, pero no depende de él para llevar a término la experiencia.

La experiencia misma demuestra que puede apartarse en todo momento de la línea cronotrópica del objeto como tal, para seguir otras direcciones o rastros más atractivos que haya encontrado en el transcurrir de la experiencia.

Un hecho interesante por destacar es cómo el mismo objeto examinado por dos psicómetras diferentes produce como resultado casi siempre informes distintos y complementarios, pero también casi siempre antagónicos en lo conceptual, del mensaje expresado por el psicómetra luego de su lectura individual.

Lo que también es verdad es que la psicometría es una fuente inagotable de experiencias y de impresiones, cuyo interés va más allá del campo paranormal que puede ser observado en las experiencias de lecturas psicométricas, referidas a veces a ciertas descripciones coloridas de objetos y de ambientes.

Hay descripciones provenientes de las lecturas realizadas por psicómetras que son relajantes y producen beneplácito, que puede llegar a producir una distención del ánimo y que inspiran pensamientos sabios como las de los objetos religiosos (cruces, medallas y libros); otros producen mensajes de pena y de maldad que pueden hacer sufrir. También hay mensajes expansivos y por caso, de igual forma, mensajes herméticos. En algunos acontecimientos las lecturas de sensitivos proveen la clave para resolver algún enigma.

Por ejemplo, pañuelos que han formado parte de un episodio trágico, tarjetas de presentación con advertencias de un acontecimiento determinado, carteras que rechazan ser tocadas por sensitivos para una lectura son ejemplos de hechos de psicometría. Todos y cada objeto examinado es un fragmento de historia, producto de un hecho determinado.

Como casi todas las imágenes que llegan a nosotros mediante los sueños, también los objetos leídos o interrogados por los sensitivos se comunican y hablan el lenguaje universal de los símbolos.

El rastro de una consciencia diferente

La humanidad progresa lentamente, y las nociones más preciosas de las que puede disponer el intelecto están casi todas en el fondo de la puesta escénica y en la penumbra.

Nuestras ciencias exactas conocidas pueden perder validez y grandeza, frente a otras leyes universales de alcance infinito que ya comienzan a vislumbrarse y que representan un vínculo asociado al misterio del mundo.

Es poco frecuente encontrar en nuestro tiempo representantes del pensamiento científico, que estén dispuestos a reconocer el reino que es insondable y rico en potencialidades desconocidas, que se extiende por debajo de la consciencia y de la subconsciencia.

En el camino necesario para presentar algunas concesiones, algunos autores proponen que hay que adivinar antes que demostrar, y en ese sentido, es conveniente recordar que casi todos los descubrimientos importantes se han realizado de esa manera. Otros dicen que la intuición nos hace ver de repente un aspecto profundo de la realidad. Son sin duda posibilidades peculiares que han tenido, y que tienen también hoy, una importancia esencial en el desarrollo de la ciencia. También hay autores que priorizan la intuición por sobre la inteligencia, y algunos afirman que el proceso de raciocinio lleva al nivel de conocimiento algo que ya era sabido gracias a la intuición.

A veces el hecho de que la ciencia recorra los caminos luminosos de la racionalidad hace olvidar a muchos que el tiempo mismo penetra con sus raíces en el misterio del mundo y se alimenta de verdades que son desconocidas y de un alcance infinito. La actitud del ser humano y su orgullo tienden a atribuir todo mérito de su progreso a la pequeña área de su psiquis de la que la madre naturaleza lo ha dotado, para hacer frente al desarrollo de la vida en su paso por la experiencia humana.

Es saludable que el hombre esté orgulloso de su raciocinio, a condición de que éste no haga surgir una racionalidad superficial, que niegue valor a una parte de la experiencia.

Se ha visto que el secreto de ciertas adquisiciones mentales no aparece vinculado a las áreas del intelecto consciente, y cuanto más elevadas son las creaciones de la mente humana, menos empeñada en ellas aparece la esfera del raciocinio consciente. No se han descripto definiciones de genialidad, sin la intervención del psiquismo ultraconsciente, el cual es distante del pensamiento lógico y reflexivo.

En general, todas las creaciones del genio hacen presentir que existe un psiquismo de orden superior, cuyas reglas expresivas se conforman según leyes desconocidas. Lo extraño de las creaciones de la persona a la que solemos llamar genio, respecto del restringido universo psíquico de la consciencia, está plasmado en el hecho bastante frecuente de que son los seres humanos menos dotados y no tan maduros de intelecto los que con frecuencia reciben las capacidades especiales de la fuente misteriosa.

Existen muchos ejemplos de los típicos casos muy significativos de los genios provisionales que llamamos niños prodigios, un fenómeno que la psicología tradicional no puede explicar desde el momento mismo en que tiende a prescindir de forma total de los aportes cognoscitivos del yo profundo.

En una edad más que inmadura, estos niños sin preparación demuestran tener de repente capacidades superiores a las de los adultos, en materias complejas que requieren no sólo aptitudes innatas, sino también conocimientos técnicos y habilidades ejecutivas que no se adquieren sin un aprendizajes adecuado, como la música, las lenguas, el arte poético o el cálculo aritmético en sus aspectos más complejos.

La génesis de semejantes fenómenos es en principio atribuida a distintas fuentes, y algunos estudiosos la asignan a la atmósfera educativa familiar, respecto de ciertas disciplinas, por la alta especialización técnica lograda y que resulta de ella, lo que logra que se acreciente de generación en generación. Esto se aplica para algunos niños prodigio criados en verdaderas dinastías de familias de músicos, pero no para todas las demás situaciones. En algunos casos, los niños prodigio desarrollan algunas capacidades, no compartidas por sus familias y por sus progenitores.

Desde una visión más amplia y permisiva, pareciera que la naturaleza a veces se mostrara más pródiga en cuanto a misterios de lo que el perezoso intelecto humano es capaz de aceptar.

Algunos de esos prodigios fueron casos notables de genialidad musical y tuvieron su prototipo en los grandes clásicos; y en otra escala, en los tiempos modernos, se ven manifestaciones modestas en los precoces directores de orquesta.

El denominador común de casos en apariencia tan distintos es que cada niño o jovencito de talento precoz parece embebido de una gran pasión única y arrolladora, lo que nos recuerda la especial situación que experimentan los artistas metapsíquicos.

De igual modo hubo niños que no podían vivir sin la música, así como otros que no pudieron evitar aprender lenguas vivas o muertas, aunque en su hogar no hubiera nadie con quien compartir el lenguaje, y que luego llegaron a ser autores de importantes obras de filosofía, o a ser profesores universitarios, cuando habían nacido en hogares de padres analfabetos.

Algunos de ellos solían decir que confiaban en su sentido de la música, de las lenguas o de las relaciones numéricas, y al hacerlo, se divertían muchísimo. También que podían pasar todo el tiempo en esa actividad sin realizar otra cosa y que en un momento dado de su vida perdieron la pasión exclusiva por la música, por el lenguaje, por el cálculo numérico, por el dibujo y también las habilidades superiores que los habían asistido cuando eran niños o jóvenes, y sus fiebres creadoras se fueron normalizando poco a poco.

Tal como en el fenómeno del arte metapsíquico, el inconsciente es el que actúa de manera impetuosa, desbordando las escasas resistencias de la mente consciente de esos seres humanos. Se trata del inconsciente en su polaridad luminosa y cognoscitiva del ser, que hasta ése momento ha sido ignorado o infravalorado.

Se podría decir que a veces, en algunos casos, la naturaleza oculta en estos niños genios a hombres dotados de facultades altamente especializadas y en gran parte extraconscientes, las cuales sólo pueden mantener en escasas oportunidades cuando estos niños se convierten en adultos. Algunos piensan que existe una parábola con estos niños, que se suelen caracterizar, aunque no siempre ocurre con el efímero esplendor intelectual de los niños prodigios.

Se diría que el hecho de que su mente sea receptiva al máximo en la más tierna edad, y que luego se vaya debilitando su receptividad en la medida en que el sujeto asume una consciencia más plena y directa de sí mismo, con todas las ventajas, pero también con todas la inhibiciones, implica una característica de esos perfiles de personalidad.

Los conocidos casos de los niños precoces en el cálculo se encuentran entre los hechos más desconcertantes que se conocen. Algunos de ellos no asistieron nunca al aula de una escuela y sin embargo realizan cálculos y adquieren hábitos por la tarea que a veces conservan para toda la vida, sin saber que habían descubierto los sistemas de cálculo por sí solos. Puede ocurrir también que abandonen el cálculo en su edad adulta y se dediquen a otras actividades.

Uno de los grandes interrogantes que se plantea para la psicología clásica es cómo una mente infantil y sin nociones básicas de aritmética puede descubrir la existencia de los números y de sus relaciones. También cómo puede un niño llegar a apasionarse por una materia tan abstracta.

En general, cuando se les pregunta cómo pueden realizar las tareas que se les propone como desafíos de cálculo, responden que no tienen un sistema en particular y que no saben cómo ocurre el procedimiento dentro de ellos.

Algunos, al realizar el proceso, se recogen sobre sí mismos como en una meditación, para lograr un estado de consciencia distinto que es llamado de diferentes maneras según las culturas, que les permite movilizar los recursos de la psiquis profunda.

Una vez alcanzado ese equilibrio psicológico, pueden prescindir de las técnicas matemáticas conocidas y, con sólo observar cuál es el problema propuesto, pueden a continuación emitir un resultado según la visión que cada niño calculador tiene.

Sustancialmente, en estos sujetos coexisten y colaboran dos modalidades distintas de pensamiento y de consciencia: la del yo consciente, que se vale de los acostumbrados procedimientos lógicos deductivos, y la potencia trascendente de un psiquismo profundo, que no tiene la necesidad de calcular, sólo el sentido intuitivo del número. Se acepta que los calculadores de esta clase son sensitivos y que sus demostraciones son paranormales, procedentes de distintas fuentes no racionales.

Hay dos grupos de ellos, uno es el caso de los auténticos calculadores prodigios, el otro es el grupo de los sensitivos capaces de tener y expresar el sentido intuitivo del número, por fuera de todo cálculo. Todo esto es una visión técnica del tema ya que muchos de ellos utilizan ambos procedimientos y mecanismos, cuyo funcionamiento se desconoce.

Se tiene registro de muchos visionarios de la aritmética así como de la matemática, y cuando alguno de ellos descompone un número, sin necesidad de algoritmos mentales, hasta de proporciones enormes en sus factores primos, habla de un instinto innato que posee desde sus tiernos años. En general, los biólogos y los especialistas en psicología raramente pueden aceptar esta clase de explicación sin ampliar primero las premisas sobre las que están cimentadas sus respectivas ciencias.

En el caso de los calculadores, se impone el triunfo de lo irracional, pero de un irracional que no deja ningún margen para los errores. Los clarividentes pueden y suelen equivocarse y les ocurre a veces; en cambio, los calculadores no suelen equivocarse.

El fenómeno tiene aspectos significativos en el sentido de que demuestra de alguna manera lo poco que gravita en ellos la estructura mental consciente, aportada por la inteligencia y la cultura del sujeto. Muchos de ellos están por debajo de la inteligencia media normal, algunos fueron considerados de jóvenes como retrasados mentales, otros llegaron a su vejez sin haber aprendido nunca a leer o escribir, y hay sujetos que no pudieron nunca garabatear su propia firma o fueron los últimos de la clase.

Como hecho interesante en estos casos el yo profundo aparece como al servicio sistemático de la mente consciente, es como si la naturaleza hubiera encontrado el modo de coordinar en forma estable y duradera una relación entre los dos planos de la psiquis. Aunque fuera sólo para una finalidad que a muchos especialistas de las ciencias de la salud humana pueda parecerle desprovisto de toda relevancia.

La modalidad de tal colaboración se ha observado en los hechos en los que algunos sujetos suelen entretenerse en un diálogo con otras personas mientras la parte consciente de su mente se ocupa de realizar algunos cálculos ligeros. Al mismo tiempo, la otra parte de la mente por fuera y ajena al control consciente, resuelve como a escondidas los cálculos más complejos, cuyos resultados entrega luego a la mente consciente.

Algunos de ellos, muy excepcionales, logran realizar varios cálculos de manera simultánea, mientras ejecutan una melodía con algún instrumento musical, que según dicen, los ayuda mucho en la tarea que están realizando. Algunos de ellos dicen que no se fatigan al realizar el cálculo puesto que admiten que es su subconsciente quien trabaja y realiza la tarea sin que ellos mismos lo sepan, y no pueden explicar el fenómeno.

Son estos algunos de los hechos que avalan las hipótesis de la existencia, en nuestra persona, de un sistema de pensamientos que trasciende las posibilidades comunes de la expresión y que están ligados a los símbolos verbales y a la lógica común. Se trata de aquella clase de pensamientos que algunas escuelas denominan heurísticos, contrarios al pensamiento algorítmico o mecanizable, y cuyos procedimientos son los mismos a los que se debe el funcionamiento de las calculadoras electrónicas.

Sabemos que en este terreno de los cálculos, la escalada tecnológica desarrollada en las últimas décadas logró resultados extraordinarios en muy breves lapsos de tiempo. En cambio, es muy difícil imaginar que las máquinas lleguen en algún momento a compartir con el hombre la capacidad del pensamiento suprarracional o heurístico, que es potestad del ser humano y que parece brotar de profundidades que son insondables.

En cuanto a los caminos de la evolución del ser humano, existe una tendencia a observar con cuidado y con precaución a los seres diferentes, con respecto a los que en una época determinada representaban la referencia o la norma. Se tiende a clasificar a los primeros en alguna escala de las patologías. La idea de la persona con expresiones geniales cercanas a la locura se remonta a tiempos lejanos y remotos. Ellos generaron mitos en los diferentes tiempos que los han camuflado.

En los lugares comunes de nuestras sociedades, la consideración respecto a ejercicios mentales que constituyan fines por sí mismos pueden llegar a veces a ser encuadrados con sospechosas intenciones de esconder una visión neurótica de la realidad. La misma sospecha puede recaer sobre el ejercicio de las capacidades inexplicables, no reconocidas como de utilidad social.

Existe una tendencia en cierta clase de literatura, acerca de las capacidades paranormales, que en mayor o menor grado presentan visiones del tema que están dirigidas a una visible o camuflada descalificación de los sujetos que tienen dichas capacidades.

Sin embargo, y por el contrario, no se puede olvidar la existencia de muchas personas perfectamente integradas a una sociedad determinada, que fueron personalidades científicas o del arte en su tiempo, que tenían o que tienen todavía capacidades insólitas y que pueden demostrar en su actividad cotidiana una perfecta integración en su sociedad, lo que no les impedía amar con ingenuo apasionamiento.

Algunos de ellos eran soñadores, pero con la facultad de dirigir sus propios sueños y de experimentar con ellos gran placer. El hecho de que entre los calculadores mentales, los clarividentes y los médiums hayan existido personas con problemas físicos o neurológicos no justifica ciertas generalizaciones.

En otros tiempos hubo eminentes personalidades reconocidas por sus genialidades y actitudes científicas, que fueron temporalmente o para toda la vida calculadores mentales y que tuvieron de un modo u otro cualidades mediúmnicas. Eso no pudo impedir que en otros tiempos fueran presentados como fenómenos patológicos o al menos regresivos.

El fenómeno en sí mismo no tiene una relevancia social directa, pero podría ser importante desde cualquier otro punto de vista, considerando que los caminos de la evolución humana son impenetrables. Los estudiosos o investigadores del tema piensan que nadie puede explicar la evolución sin suponer tácitamente que la naturaleza tienda de alguna forma a desarrollar la inteligencia y que tal vez tenga también la necesidad de desarrollar la alegría.

Es verdad que el yo de superficie nunca podrá desvincularse del todo del otro tipo de consciencia y de pensamiento que están latentes en nosotros, cuya presencia advierte cada uno de una manera más o menos clara. Como suele decirse en los ámbitos adecuados, todo lo que no puede ser suprimido, está destinado a ser perfeccionado. No se puede por tanto excluir a estos seres intuitivos porque tal vez representen los primeros albores del psiquismo humano del mañana.

Ello presupone que las facultades suprarracionales que hoy encontramos latentes en las personas y de las que se tienen sólo indicios en los estados particulares de la superconsciencia podrían encontrarse en un mañana coordinadas de manera estable con las capacidades del consciente humano.

La naturaleza realiza sus experimentos, ensaya nuevas opciones, toma caminos que parecen no tener salida y, sin embargo, antes o después logra sus objetivos lejanos. En el tiempo intermedio, los experimentos en la naturaleza continúan, y esto determina que de vez en cuando, aparezcan individuos con nuevas e insólitas capacidades. Algunas personas pueden mediante sus increíbles legados gozar de los frutos de un conocimiento, aún sin pertenecer a la aristocracia del saber.

La pregunta que se hacen algunos investigadores del tema es qué calificación debiera recibir una persona cuyas capacidades o manifestaciones superan el rendimiento base.

Si el encuadre la lleva a la categoría de genio, quizás sería demasiado comprometedor. La capacidad que despliega el sujeto es la misma, y en el genio tiene tiempos de aplicación de características regulares y claras, mientras que en el tema de los parafenómenos, las manifestaciones observadas son esporádicas, circunstanciales y rara vez pueden repetirse a voluntad.

Es probable que sea una cuestión de organización general de la personalidad. Según algunos investigadores, el secreto de la genialidad o de las manifestaciones superconscientes se hace tangible cuando en el sujeto considerado se produce una coordinación armónica entre el estado de vigilia o diurno y el estado de sueño o nocturno, que es una práctica conocida desde hace mucho tiempo en las milenarias técnicas yóguicas.

El hombre de genio o con capacidad para la genialidad es aquel que ha logrado en algún momento de su vida y por circunstancias que generalmente se desconocen introducir en el estado de vigilia el beneficio de las asimilaciones profundas que se logran durante el tiempo del sueño.

Las condiciones de recogimiento interior que puedan lograrse son las más propicias y adecuadas para lograr el contacto con el yo secreto, son los conocidos estados hipnoides de la persona, que suponen una restricción del campo psíquico consciente y su necesaria subordinación, o tal vez fusión, a una consciencia más amplia y poderosa.

La sugestión hipnótica ayuda, de manera ya estudiada y también aceptada, a la cooperación entre el estado de vigilia y el estado de sueño. También se ha estudiado el beneficio de esta, en el origen de los conocimientos inexplicables.

Hubo en otros tiempos personas sensitivas conocidas, que podían alcanzar una plena cooperación entre ambos estados de manera casi automática, y con ello la posibilidad de unir ambos planos de la personalidad, con los increíbles beneficios logrados en ese accionar.

También se han estudiado sujetos que no tenían la necesidad de lograr un estado de trance, para que se produjeran las manifestaciones paranormales destinadas a lograr los conocimientos extraños. Algunos de ellos realizan rituales previos que son simples, otros previamente a la actividad específica realizan complejos rituales, producto de la mezcla curiosa del sincretismo religioso.

Respecto de la capacidad de la clarividencia, lo más importante es el fenómeno en sí mismo, más allá de los rituales de expresión exterior realizados para encausar el proceso de iniciación de esta.

Los testimonios disponibles de misioneros y viajeros, relativos a los eventos curativos realizado por hechiceros de tribus primitivas, así como de brujos o chamanes, casi no dejan margen para la duda, en relación con las posibilidades excepcionales que la mente puede alcanzar en los niveles de rendimiento superior y que es lo que ocurre de manera esporádica en algunos sujetos, y con mayor frecuencia y regularidad en otros.

El aspecto más interesante del fenómeno está representado por la fuerza que puede llegar a tener este en algunas personas simples y en los niños, en los que la voz del ego es menos orgullosa y más sumisa.

Los hombres de ciencia que enfrentan lo desconocido

Los pensadores del mundo moderno aceptan que la verdadera ciencia no suprime nada y se encamina en la búsqueda de lo que todavía no comprende. Los hechos insólitos de los parafenómenos no siempre pueden ser referenciados a las exigencias del experimento impuesto a las ciencias físicas o también a las ciencias biológicas.

Es posible entonces que sea necesario ampliar el concepto modificándolo, y a la vez reconocer que el experimento repetible a voluntad no es el único criterio de una investigación digna de llevar el nombre de experiencia científica.

De una manera muy general los fenómenos inexplicables son rara vez considerados en el ámbito de la ciencia académica, y esto se debe al hecho ya aceptado de que la ciencia se ha interesado casi exclusivamente en los fenómenos frecuentes que puede ser observados a voluntad, que pueden ser repetidos cuando se desee y que suelen también ser observados y reproducidos en ciertas condiciones que puedan ser predeterminadas. De forma que logren transformar las observaciones cualitativas que afectan a dichos fenómenos, en otras experiencias cuantitativas o numéricas.

Se suele decir que sólo hay ciencia si el experimento es mensurable y este pensamiento se ha impuesto, gracias a los triunfos que la ciencia ha producido y produce en muchos ámbitos, en especial en el de la física. Pero ha producido estancamiento en otros planos académicos y también el repudio de cierta parte de la realidad, en especial en aquella que se manifiesta en los fenómenos infrecuentes, no observables a voluntad, no reproducibles en condiciones predeterminadas y que no obedecen a los cánones clásicos de la investigación científica.

Entre los fenómenos de este grupo, encontramos a los fenómenos paranormales, que por el hecho de presentar algunos aspectos poco conocidos y de baja frecuencia de la naturaleza, vinculados a veces a la evolución humana, son los más difíciles de determinar, reproducir o de medir.

Los hechos mencionados son esporádicos y no pueden ser valorados por la estadística o tan sólo pensar en su reproductibilidad. Estos procedimientos sólo pueden llegar a ser útiles cuando se trata de controlar la existencia de ciertas cualidades que existen en cada hombre y que pueden ponerse de manifiesto basándose en la Ley de los Infinitos. Estos son fenómenos que contradicen las premisas implícitas en las ciencias del universo sensible, porque de alguna forma son transpersonales, transespaciales y transtemporales, o sea que son ultrafísicos.

Desde un enfoque moderno, el hecho de que tales fenómenos hayan sido ignorados hasta no hace mucho tiempo por la ciencia no implica de manera necesaria que no puedan convertirse en objeto de un estudio científico. Casi todo depende de lo que se quiera entender por ciencia.

Este es un problema que compete de hecho a la filosofía de la ciencia y no a la ciencia misma, pero a la hora de considerar los límites de la ciencia, es casi inevitable que se deba tener en cuenta cierto orden de ideas generales.

En principio existe un concepto antiguo de la ciencia que todavía es muy conocido, a pesar de las descalificaciones que con frecuencia va recibiendo por parte de las visiones físicas y biológicas de los temas considerados. Es un concepto mecanicista y materialista de una fuente del positivismo sometido en su método de investigación a las premisas filosóficas fisicalistas.

Los que aceptan estas corrientes de pensamiento creen que el problema planteado por los parafenómenos no existe y que las creencias relativas a ellas deben ser producto de la superstición, la ignorancia y la mentalidad un tanto retrógrada. No aceptan la introducción del método estadístico cuantitativo, que ha tratado de evaluar algunos hechos inexplicables a las exigencias metodológicas de la ciencia moderna.

Por cierto, no es el escepticismo en sus muy variadas formas el que puede representar un peligro para el porvenir de la investigación psíquica, que está avalada por los progresos y las aperturas que la ciencia va realizando poco a poco, a pesar de los representantes más tenaces del plano académico más conservador. La mayor resistencia se ubica en el grupo de estudiosos de lo desconocido, grupo que a su vez tiene dos frentes de ideas y concepciones en gran medida contrapuestas.

Los motivos prácticos en términos de la diversidad son varios, pero se reducen a la diferente interpretación del concepto de ciencia y del método científico. Cuando se evalúa desde lo externo esa situación, puede que sea fácil ser inducido a error, en el sentido de creer que la disconformidad se refiera sólo a una cuestión de rigor metodológico.

Si tal criterio resulta verosímil, se puede pensar que, por un lado, están los puristas del método, y por el otro, los de ropa cómoda y bien planchada. No obstante, una evaluación más serena devuelve la distinción a sus verdaderos orígenes, que consiste en adecuarse en la práctica a las premisas explícitas e implícitas, a la visión física de los hechos.

Por cierto, no aporta demasiado admitir la existencia de fuerzas no calificables como las físicas y las de fenómenos que pueden sustraerse a los espacios temporales, cuando luego el parafenómeno será puesto en un encuadre de un método clásico, que ha nacido y que se ha desarrollado en función de la investigación orientada hacia un mundo que se cree que está hecho tan sólo de materia y energía.

Se comprende que este método sea considerado por aquellos que niegan la realidad paranormal, pero cuesta trabajo aceptar que puedan afirmar lo mismo, en cambio, quienes están orientados hacia una visión más completa de la realidad.

Tratar de explicar que el método de investigación basado en la observación y en la reproducción a voluntad de los fenómenos no puede aplicarse a los hechos infrecuentes, puesto que éstos dependen de supuestos en gran parte desconocidos e incontrolables, es una tarea realmente difícil de llevar a buen término. A veces el rigor de la formalidad es muy gravitante, y algunos piensan que los hechos paranormales nunca pertenecerán a la ciencia.

En términos entendibles, aceptan deliberadamente reducir el alcance de la ciencia en un tiempo y en un ámbito en que la ciencia parece madura, para poder abrirse a más amplios horizontes.

Se trata en todo caso de una actitud de renuncia, y tal vez merecería que se intentara una investigación para evaluar los motivos inconscientes que llegaron a determinarla. En ciertas situaciones se tiene la impresión de que existen motivos prácticos muy distintos de los inconscientes.

En lo que se refiere a las investigaciones de las motivaciones inconscientes de esa actitud, es probable que la misma dificultad de comprensión de los fenómenos paranormales físicos recurra a una forma de pereza que buscará después cualquier justificación en apariencia racional.

Por lo demás, la mediumnidad física, lejos de ser animada, es por el contrario combatida por los cientificistas, y también ocurre en ciertos ambientes de negación de los fenómenos físicos paranormales, a veces oportunistas de la situación y con objetivos predeterminados.

De lo expuesto surgen dos grande grupos respecto de las formas posibles de estudio de los parafenómenos que aseguran: uno, que los fenómenos de conocimiento paranormal no pueden ser explicados de ninguna manera y no es posible incluirlos en el cuadro general de una teoría científica. El otro grupo está dispuesto a afirmar que ningún fenómeno de efectos físicos ha sido nunca demostrado científicamente. Con ello se puede apreciar que si los fenómenos físicos existen, deben permanecer confinados a la incertidumbre y a la suposición. Lo cual parece bastante extraño que pueda llegar a determinada inactividad científica, para estudiar e investigar determinada parte de la realidad.

La historia de la ciencia ha sido larga, y en algunas oportunidades se han planteado nuevamente temas que ya habían sido estudiados, y se ha retornado a posiciones que se creían superadas, pero en el tema de los parafenómenos existen todavía algunas contradicciones en determinados tópicos.

Algunos pensadores cercados por el método cientificista y la cuantificación se resisten a aceptar otras metodologías como la observación cuidadosa, ocular y sistemática de los fenómenos conocidos como espontáneos, muchos de los cuales son por cierto irreproducibles en el laboratorio. En principio, esta situación se parece más al sostén técnico de un tema que a una verdadera ciencia.

Si se quiere que esta sea el principal atributo para pretender contribuir con cualquier medio racional a la progresiva ampliación de los conocimientos relacionados con la naturaleza del hombre y del universo, se deben incorporar otros caminos y otros métodos.

A veces en este sendero del rigor de un método, se llega a descalificar el trabajo paciente de observación que aún con errores inevitables ha sido realizado con muchos años de estudios psíquicos a personalidades muy reconocidas de las ciencias y de otros campos de investigación, época que tuvo lugar en las primeras décadas del siglo XX.

Es cierto también que en todo este camino evolutivo del estudio de los fenómenos inexplicables, hubo a veces falsas interpretaciones que han sobrepasado ampliamente los límites del buen sentido y en algunos casos han desacreditado la metapsíquica, pero queda un resto irreductible para el hombre de ciencia con una visión imparcial de los hechos planteados.

Ha ocurrido también que personas defensoras de la metapsíquica de otrora, en una nueva postura, invalidaron los estudios de investigación realizados con rigurosa labor de personas investigadoras reconocidas del mundo científico de otros tiempos, con comprobaciones llevadas a cabo por ellos, así como hipótesis ingeniosas a veces geniales, elaboradas por ellos en un tiempo anterior.

A la luz de los aspectos más vistosos y asombrosos de la mediumnidad, no se puede infravalorar la importancia de los hechos no comprobados en el laboratorio, con la posibilidad de llegar prácticamente al plano de la incredulidad preconcebida y sistemática, en el que están alistados todos aquellos que no visualizan una posible ampliación de los horizontes científicos.

La investigación psíquica tiene dos grupos de seguidores, cuyos perfiles están muy claramente definidos. Por un lado, están las personas que no tienen la amplitud de consciencia para imaginar o visualizar el tema de los fenómenos inexplicables, y por tanto, no se interesan ni creen en la existencia de ellos. Por el otro, está el grupo cuyo pensamiento es opuesto al que se presentó en primer término. En él están enlistados y participan de la actividad de los cuales algunos son reconocidos estudiosos de hecho muy respetados por las contribuciones al estudio. No ejercen ni en la teoría ni en la práctica la incredulidad sistemática y están dispuestos a reconocer ante los hechos de cualquier especie, estén o no comprobados en el laboratorio, con los métodos cuantitativos de evaluación.

En cada uno de los grupos con las tendencias o alineaciones mencionadas convergen ciertas mentalidades, premisas culturales e intereses muy diversos. Aceptan también que ambos grupos son conocidos y muy variables en cuanto a sus componentes.

Teniendo en cuenta los coloquios y las reuniones internacionales celebradas en distintos países en algunas ocasiones, los rasgos y las actitudes que emergen de dichos eventos son de tangible confrontación entre las dos concepciones opuestas.

Los defensores del método histórico del estudio de los fenómenos que no pueden ser explicados piensan que la exclusión de estos constituiría un grave sesgo para la parapsicología. Un fenómeno completo de experiencia extrasensorial requiere una descripción verdaderamente circunstanciada y por tanto histórica para plasmar todas sus características constitutivas dado que algunos de ellos, quizás los esenciales, pueden quedar fuera de la evaluación estadística.

Además se acepta en los ámbitos de la investigación psíquica que siempre es la naturaleza del objeto de estudio la que debe determinar los métodos aplicables a éste. La parapsicología no debiera, en su preocupación por el rigor científico, descartar ningún método de estudio.

Son muchos los estudiosos y los investigadores que han opinado de estos fenómenos en particular, su preocupación es que la ciencia se mantenga abierta y que sus objetivos sean amplios y abarcadores y que el camino de la investigación no se vea de ninguna manera obstaculizado a causa de los prejuicios.

Algunos de ellos piensan que uno de los pocos elementos realmente seguros para determinar el método científico es el de la objetividad completa, lo que equivale a decir que no debe existir en un proceso de investigación, ninguna actitud de preconcepto o prejuicio por parte del estudioso que realiza la tarea. Uno de los errores muy conocidos en el estudio de los fenómenos sin explicación es pensar que los fenómenos de la vida, de la mente y del espíritu pueden ser considerados en los términos propios de la ciencia mecanicista y materialista. Creer que dichos fenómenos pueden ser localizados, definidos, mesurados y analizados, según los procedimientos usados para las manifestaciones físicas, es una falsa concepción.

Los estudiosos más reconocidos en el campo de los fenómenos inexplicables y que tienen una concepción unitaria del universo piensan que la unificación de la ciencia hasta el siglo XX estaba concebida como la subordinación de todas las ciencias a la física. Que todos los fenómenos tenían basamentos físicos, de conformidad con la tendencia moderna impuesta por la corriente filosófica del empirismo lógico.

En realidad una concepción unitaria del mundo no puede apoyarse solamente en la esperanza de poder circunscribir todos los niveles de la realidad al plano físico de los hechos.

Es muy posible que sea la evolución misma del pensamiento en su conjunto la que sugiere ciertas revisiones separando poco a poco el conjunto de prejuicios que puede llegar a obstaculizar el libre desarrollo del pensamiento.

Desde hace algunas décadas las opiniones según las cuales debía ser la física la que referenciaba por medio de sus leyes y sus métodos a las otras ciencias dejaron de ser válidas. En algún momento de ese tiempo, algunas ciencias comenzaron a desvincularse y luego a generar sus propias leyes y métodos, como lo hicieron la biología y la química. La física relativista comenzó por entonces a desprenderse del sentido común cediendo su carácter absoluto a las categorías espacio-temporales.

Durante mucho tiempo se ha creído con vehemencia que la naturaleza estaba dotada de un mecanismo regulado por leyes infalibles. En nuestros días, el principio de causalidad ha sido delimitado y ha dado lugar a una interpretación de las probabilidades, con lo que el ideal cartesiano ha sido separado de los aspectos ambiguos y suprarracionales del universo.

En nuestro tiempo se acepta que en toda investigación y deducción científica existe un margen insondable de subjetividad, porque el experimentador mismo forma parte del experimento. Tal vez ha sido una ingenuidad de la ciencia naciente imaginarse que podrían observarse los fenómenos en sí, como si estos se desarrollaran de una manera independiente de nosotros.

De una manera instintiva al principio, los físicos y los naturalistas se comportaban como si su observación se situara en lo alto, por sobre el mundo, lugar desde el cual su intelecto pudiera penetrar sin padecerlo o modificarlo.

En nuestro tiempo comenzamos a darnos cuenta de que, aun teniendo en cuenta las observaciones más objetivas, están impregnadas de convenciones preestablecidas e influenciadas por formas y por hábitos de pensamiento que han tenido lugar en el tiempo histórico de la investigación. Casi en el límite extremo de su análisis, ya no saben si la estructura individual es la esencia de la materia que están estudiando o bien el reflejo de sus pensamientos.

En algún momento se creyó que los fenómenos no explicables eran observables y repetibles a voluntad, como puede pasar en casi todos los experimentos físicos. Pero luego de un tiempo de estudio, se descubrió que ciertas categorías de fenómenos, tal vez condicionados por un estrecho determinismo del tipo físico o químico, no pueden ser repetidos a voluntad, debido a que dependen de variables demasiado fugaces, incontrolables y numerosas; para lo cual por un momento quizás conviene tomar distancia de la parapsicología, para volver a considerar las cuestiones de los métodos de evaluación utilizados por las ciencias.

El hecho de que todas las variables de que dependen estos fenómenos no puedan ser conocidas y en consecuencia no puedan ser controladas determina que tales fenómenos nunca sean repetibles a nuestra voluntad como los fenómenos físicos.

Esta situación nos lleva a pensar y a comprobar nuestra incapacidad para fijar el conjunto de las condiciones relativas a nuestras experiencias, a nuestros trabajos y también a la limitación de que podemos fijar sólo una pequeña parte de ellas, y el resto queda al arbitrio de la naturaleza. Esto nos tiene que obligar a reconsiderar el problema de la reproductibilidad de los resultados experimentales, que por cierto tiene relación con los métodos utilizados.

Para algunos investigadores existen leyes y problemas isomorfos que conciernen a todas las ciencias, y es mediante ellos que se espera poder dar respuesta a estos temas y llegar a un equilibrio más orgánico, para dilucidar los conocimientos demasiado heterogéneos y dispares, que caracterizan todavía el campo científico. Estas leyes se aplicarían en algunos planos de la química, la física, la biología o la parapsicología. También se podrían aplicar en otras ramas científicas en las que a veces hay que enfocar los fenómenos esporádicos que son dependientes de variables numerosas e incontrolables.

Es imposible, por caso, repetir una sesión bien conseguida de clarividencia o de alta mediumnidad. Bastaría la existencia de una corriente secreta de antipatía entre el sensitivo y el consultante, o una actitud puramente mental de hostilidad así como de desconfianza de uno de los presentes, para poder inhibir a la persona médium. También para generar la oportunidad de quitar el éxito del experimento que en un círculo o sesión se basa en la fusión de los distintos psiquismos de las personas que en ese momento integran la reunión, incluyendo al mediador.

Algunos estudiosos del tema han realizado importantes observaciones, relativas a la inhibición a que están expuestas las personas que son sensitivas y los médiums. La sensibilidad aguda de los médiums puede reaccionar con prontitud a las corrientes más o menos simpáticas, armónicas, empáticas y colaborativas de las personas de su entorno, en una sesión o experimento que se realiza en un tiempo preestablecido.

Esta es quizás una de las razones de los frecuentes fracasos de las comisiones académicas, nombradas a veces para evaluar las capacidades de una persona médium. Esta situación suele ocurrir también en el arte, en que se suelen paralizar las capacidades y las manifestaciones de menores complejidades y sutilezas, como las dotes artísticas en sus diferentes manifestaciones. Se acepta entonces que es necesario un clima psíquico favorable para producir estos fenómenos, como experiencias predeterminadas de los acontecimientos metapsíquicos.

Además de la inhibición, que es un factor negativo para la experiencia o la sesión, aportada consciente o inconscientemente por alguno o algunos de los presentes, deben estar presentes y operantes en toda la situación experimental factores psicológicos con actitud positiva, que sean aptos para determinar cierta tensión emocional. Precisamente aquellos que de otro modo son difíciles de introducir de una manera artificial en las condiciones propias de un laboratorio experimental. Por esa razón, como ya se ha comprobado en muchas oportunidades, suelen aportar un rendimiento distinto, según sea el experimento y con quién se realiza.

Algunos médiums excepcionales han realizado muchas e interesantes consideraciones relacionadas con este tema, especialmente con algunos acontecimientos y también con los insatisfactorios resultados obtenidos en las experiencias realizadas por ellos, cuando habían trabajado bajo la dirección de profesionales que aplicaban el cálculo estadístico a los fenómenos paranormales.

Estos médiums de reconocido linaje siempre sugieren que para obtener buenos resultados en el trance y en otras formas de sensibilidad supranormal, es necesario, según sus reconocidas experiencias, recibir un estímulo debido a la energía del objeto, el interés, la simpatía o el deseo de todos los individuos que participaron con ellos en el experimento. Los mediadores dicen con frecuencia que no pueden hacer uso de su sensibilidad o de su clarividencia de una manera imperativa, recibiendo una orden de lo que deben hacer y en qué tiempo.

Lo que ellos quieren dejar en claro es que no se trata de un capricho de los sensitivos y de los mediadores sino que es el resultado de una inhibición, de que hay algo imponderable y sin embargo real que impide la fusión polipsíquica de la que sólo puede surgir esta clase de fenómenos.

El fenómeno paranormal depende de variables que escapan por su naturaleza a la posibilidad una repetición del experimento, en condiciones preanunciadas de manera fija. Esto implica de manera inequívoca la necesidad de que el método clásico de investigación, que está basado en la observación y en la repetición ilimitada, esté adecuado a un campo en el que intervienen factores imponderables abundantes y desconocidos, puesto que sobrepasan la esfera del psiquismo individual.

Hay que reconocer también que hay ciencias como la astronomía, que se han formado sobre la base de la observación sistemática pura y simple, llevada a cabo en los tiempos y según los modos permitidos por factores no controlables en absoluto. No obstante, lo que hoy sabemos sobre las leyes del firmamento se conoce desde lo observado situándonos en el planeta donde vivimos, y nadie se atreve a negar determinados conocimientos adquiridos y que no podrán realizarse en un laboratorio.

El estudio de los parafenómenos tiene grandes posibilidades en el sentido de que puede invitar y participar a otras ciencias, para que revisando sus propios horizontes puedan ampliarlos, renovando sus puntos de vista sobre la naturaleza y el hombre. Eso es con la condición de no perder la fe en sí mismo, de forma que no obstaculicen su camino con restricciones o con forzadas concesiones a métodos, que son del agrado de la mentalidad científica académica, pero que no pueden resolver sus grandes problemas.

Sabemos que toda limitación del campo de observación de los fenómenos aunque se deba a prejuicios metodológicos, reduce al mismo tiempo la necesaria amplitud de observación y por tanto afecta el valor de los resultados. Entra por ende en el conocido axioma: "El observador forma parte del experimento".

El estudio de los fenómenos desconocidos ha logrado en nuestro tiempo el advenimiento de algunas cátedras universitarias en diferentes países, pero el camino recién se está iniciando, y el objetivo es continuar con la tarea, tratando de erradicar los prejuicios metodológicos y continuar con la investigación sobre esa parte de la realidad para que ese lugar ganado sea ocupado por los futuros estudiosos del tema de los fenómenos paranormales.

Las fuerzas que no conocemos y que nos asustan

Las visiones de las personas sensitivas, tanto si se encuentran en estado de vigilia o despiertos como si están dormidos o en los diferentes estados de somnolencia, no siempre se refieren a sucesos en tiempo real. Con cierta frecuencia tienen relación con acontecimientos futuros, o también pueden referirse a episodios que se han producido en otras épocas.

Los relatos sobre estos seres especiales se describen en la Biblia y también en otras escrituras sagradas de religiones que no pertenecen al cristianismo. También algunos acontecimientos fueron relatados en libros de las culturas antiguas clásicas como la griega, romana, etrusca, del oriente antiguo y de casi todas las culturas de la Antigüedad que lograron la escritura y de las cuales disponemos de escritos, murales y pinturas.

Los fenómenos que solemos designar como misteriosos no se limitan sólo al ámbito psíquico espiritual o la transmisión de impresiones, pensamientos, sentimientos o visiones de sucesos futuros o remotos. Con menor frecuencia, aparecen también manifestaciones enigmáticas impulsadas por fuerzas secretas, que de alguna manera contradicen capacidades adjudicadas al hombre y que actúan sobre los objetos materiales, moviéndolos o cambiando a veces su estructura.

Frente a estas fuerzas inexplicables, las leyes conocidas de la naturaleza parecen perder su validez. De improviso, entonces, un nuevo esquema de leyes y de principios desconocidos se hace cargo de una situación determinada y de objetos y seres quedan supeditados a su voluntad, mientras dure el fenómeno inesperado.

Estas fuerzas se corresponden con algo incomprensible que nos lleva a concluir que las manifestaciones del alma pueden, llegado el caso, sobreponerse a todas las demás, incluyendo a los objetos materiales. La Biblia misma contiene relatos que están relacionados con sucesos, que parecen contradecir algunas posibilidades y manifestaciones conocidas de la naturaleza.

Se narran experiencias increíbles de personas místicas cristianas, santos y sacerdotes, pero también de paganos, de escépticos e incluso de enemigos de la Iglesia. Muchos se refieren a acontecimientos registrados en un pasado remoto, con una antigüedad importante y sumida en la superstición, y no obstante, de un modo sorprendente, algunos de esos fenómenos siguen produciéndose en nuestros días.

En algunos casos y de manera inexplicable, la ley de la gravedad aparece momentáneamente anulada en algunos hechos descriptos en libros históricos de la Edad Antigua, así como en relación con otros sucesos, las narraciones hablan de traslados corporales a la distancia. En los tiempos modernos, algunos santos, curas, sensitivos o médiums pudieron lograr estos fenómenos que hoy conocemos con los nombres de levitaciones y de bilocaciones, que se han dado en seres realmente excepcionales, algunos de los cuales son conocidos y otros en cambio viven sus experiencias en el anonimato, tratando de ser útiles a la comunidad en que viven, y a veces hasta pueden disfrutar de su vida y de sus capacidades.

Existen relatos de la Edad Media que describen la ingravidez absoluta, fueron hechos que ocurrieron en personas muy conocidas que luego fueron santas, algunos fueron famosos y tenían esa capacidad, algunos de ellos eran místicos del cristianismo. Casi todos ellos cuando podían lograr el más profundo éxtasis religioso, se elevaban en el aire sin ser muy conscientes de eso y lograban continuar con la actividad que estaban realizando.

Cuando se dedicaban con toda devoción y la fuerza del espíritu a la contemplación del cielo en el cual creían, todos ellos lograban una concentración tal que la sensibilidad del alma y sus pensamientos se unían. Sus cuerpos, entonces, se levantaban y quedaban suspendidos en el aire.

Las apariciones de fantasmas no están tampoco sujetas a las leyes gravitacionales de la naturaleza material. El ser humano puede negarse a creer en estos hechos, pero a lo largo de los siglos han sido presenciados por testigos de los más diversos perfiles humanos con diferentes niveles culturales. No obstante, hubo y hay todavía personas que consideran estos sucesos con actitud escéptica y atribuyen estas apariciones a engaños deliberados o a errores inocentes, trucos o causas desconocidas.

También existen casos de índole distinta en los cuales sin ninguna causa físico-mecánica conocida se producen influjos inexplicables sobre la materia viva de los organismos. Entre ellos se pueden encontrar los abundantes relatos de curaciones milagrosas, que son frecuentes en los libros históricos y también en la Biblia.

No sólo el cuerpo humano puede ser influenciado de ese modo inexplicable, existen relatos también de la influencia sobre las plantas. La capacidad para sanar a una persona de alguna dolencia o enfermedad tan sólo por el tacto y sin medios medicinales comprobados se ha atribuido a hombres de todas las épocas y de todos los países. Lo que en las tribus de pueblos muy primitivos era realizado por el curandero o el brujo también ocurrió con algunos monarcas, con capacidades extraordinarias para la curación.

También hubo santos católicos que tenían capacidades para la curación de enfermedades, no sólo durante su vida sino también después de la muerte. A ellos se les han dedicado santuarios y ermitas muy visitados por los creyentes, lugares que eran visitados en espera de un milagro solicitado.

Entre los fenómenos inexplicables que continúan envueltos en un halo de misterio, se encuentran las estigmatizaciones, que de manera inexplicable aparecen tanto en hombres como en mujeres, en los lugares del cuerpo humano donde según la Biblia, Jesús fue herido durante su último camino al monte Gólgota y en su crucifixión, estigmas que suelen producir grandes dolores y que a imagen y semejanza de Cristo comienzan a sangrar en determinadas fechas del año.

La similitud de los sitios anatómicos en que aparecen los estigmas a determinadas personas es característica de cada una de ellas, ya que no siempre aparecen en los mismos sitios que le aparecían a Cristo, y casi siempre han ocurrido, salvo algunas excepciones, a fieles de la Iglesia católica. Entre los fieles de la Iglesia protestante, son casi desconocidos, así como entre los fieles de la Iglesia ortodoxa o en el Islamismo.

La mayoría de las personas estigmatizadas han sido mujeres a lo largo de la historia, y la forma de los estigmas era totalmente distinta en cada uno de los que mostraba este fenómeno.

Se manifestaban además en las mujeres estigmatizadas algunos fenómenos también inexplicables, se relata que sufrían también de un aumento de temperatura corporal de tal magnitud, que para encontrar alivio solían exponerse a los vientos fríos del invierno y pedían además compresas frías. Aseguran sus cuidadores que la sangre que emanaba de los estigmas era extraordinariamente caliente, como si hubiese padecido la persona de una fiebre alta.

Los fenómenos estigmáticos son antiguos e inexplicables, y la aspiración del hombre de querer ordenarlos dentro de los conceptos del mundo, comprenderlos o aclararlos procede también del mismo tiempo. Ya se encontraban registrados en las escrituras sagradas de las culturas más antiguas, como la egipcia, la india, la caldea y la china. Estos fenómenos están ensamblados y mezclados con imaginaciones mágicas y también con ideas místicas y religiosas.

Una mirada retrospectiva de la historia demuestra sin dudas que tanto en la Antigüedad como en la Edad Media así como en la actualidad, como lo atestiguan los innumerables relatos, anécdotas, informes y leyendas, el hombre ha vivido una y otra vez experiencias fuera de lo común, como el éxtasis espiritual, la clarividencia espacial o temporal, los sueños proféticos y los fantasmas.

No obstante, el carácter extraordinario de esas experiencias, y debido a la imposibilidad de atribuirlas a causas naturales, ha llegado a considerarse como algo tan evidente que no necesita una demostración especial. Tales fenómenos, aunque poco frecuentes, se han aceptado como existentes en las diferentes culturas.

Los criterios reconocidos sólo vacilaban acerca del significado de estos, sus causas y su realización. Los temas se han debatido a lo largo de los siglos, a veces con vehemencia y otras con violencia. Nada cambió en cuanto a los conceptos circulantes hasta ese momento y hasta la llegada del cristianismo, que no permitió, ni lo hace hoy, ningún otro concepto que el propio, respecto de los fenómenos inexplicables y sólo los teólogos así como los altos dignatarios de la Iglesia, que con frecuencia trataban de imponer su opinión.

Por lo tanto, toda opinión crítica respecto de las manifestaciones extraordinarias y de los fenómenos inexplicables, tuvo que enmudecer. A casi nadie se le ocurrió dudar de los parafenómenos, ya que hasta los relatos bíblicos lo atestiguaban. Las consecuencias de estas decisiones comenzaron a emerger ante la intolerancia de la rígida enseñanza religiosa y empezó a proliferar en el mundo cristiano, la fe en toda clase de milagros y también de brujos.

Con el florecimiento de las ciencias árabes, se introducen en Occidente conceptos muy distintos sobre los hechos inexplicables y con ello comienza una firme oposición a los conceptos aceptados hasta ese momento.

Los filósofos orientales afirman que tanto en el sueño como en la vigilia se puede ser clarividente y también, que existe una fuerza de imaginación espiritual que el cuerpo humano se ve obligado a obedecer y que puede sanar a un enfermo, como así también hacer enfermar a un hombre completamente sano.

Algunos de estos estudiosos investigaron la materia y el alma humana, sobre las maravillosas fuerzas de la naturaleza, sobre el poder de los astros y también sobre la influencia del espíritu sobre el cuerpo.

Para algunos filósofos islámicos algo que no admitía dudas era la acción a distancia del alma, que creían no era sólo de índole espiritual, sino que tenía capacidad para mover a distancia un cuerpo material. Ellos creían con firmeza que era el alma la que dominaba el mundo de la materia.

Surge entonces el concepto por medio de las fuentes del cristianismo, y con él se establecieron la idea y los preceptos de lo que debía considerarse como un milagro. Estos debían cumplir con dos condiciones previas: la de ser un hecho que se hallara fuera del orden natural conocido, una verdadera contradicción a las leyes naturales, que suspendiera el curso ordinario de las cosas, y que fuese algo que sólo Dios fuese capaz de hacer, lo cual marcaba bien los límites de la mentalidad cristiana.

En un marco tan rígido de inmovilidad dogmática, era muy difícil que pudiera existir la investigación libre o la independencia moral, en la que todo intento de investigar era considerado como sacrilegio.

En la Europa cristiana de entonces, nadie se atrevía a pensar tan sólo en investigaciones así como en las consideraciones críticas, las cuales se llevaron a cabo en África en el siglo XIV, como los estudios de la clarividencia con la ayuda de un cristal. Si alguien en Europa se atrevía a realizar tales experiencias, se encontraría con las autoridades eclesiásticas, y la vida de esa persona correría un gran peligro.

La Inquisición, que en sus orígenes fue una institución regida por obispos y dedicada al castigo de los herejes, según la gravedad de la herejía, en un principio era de escasa aplicación, pero sus actividades terminaron proliferando.

La misma suerte encontró a los que se atrevían a investigar las notables reacciones de la varilla de los veedores y buscadores de fuentes de agua y de minerales. Estos incidentes hicieron desaparecer por un tiempo los experimentos con las varillas, que causaron grandes dificultades a mucha gente con sus misteriosas oscilaciones.

Durante largos siglos hubo apenas pequeños destellos de discernimiento en cuanto a los hechos inexplicables, que generaban situaciones personales y sociales, a veces con grandes riesgos para las personas involucradas en los sucesos. Con la llegada del siglo XVIII pareció que desaparecerían todos los antiguos conceptos mágicos de la religión, de la filosofía y también de las supersticiones. Se inició entonces la era de la ilustración, conocida también como el Siglo de las Luces.

Entonces emergió un gran sentimiento de la esperanza de un cambio liberador en todas las sociedades de Europa, que se logró después de los terribles y tenebrosos siglos que habían mantenido a la mayor parte de la población alejada de la espiritualidad.

De alguna forma la Ilustración significaba ante todo poner en duda todo lo predicado y enseñado hasta entonces, todo lo admitido sin pruebas y aceptado como valedero y sin discusión.

La Ilustración también significaba dejar de lado todos los errores perjudiciales y no demostrables así como las enseñanzas impuestas de manera autoritaria sobre el hombre, el mundo y la naturaleza. Ya no sería aceptado casi ningún hecho sin la crítica al contenido de la fe, proclamada por los altos dignatarios de la Iglesia, tampoco sería aceptado el dogma como la última e indiscutible instancia. A partir de ese tiempo, se podría poner en la balanza la opinión decisiva del sentido común, los conocimientos científicos, los exámenes críticos, los experimentos, las investigaciones y los resultados.

Comenzaba entonces con energía avasalladora un cambio irreversible en las sociedades, impulsado por las fuerzas incontenibles del progreso, y entonces los hallazgos y los descubrimientos técnicos se multiplicaron. Sin embargo, al mismo tiempo en que aparecían los primeros ensayos de la investigación científica, emergía el pasado aún vigente.

En ningún otro tiempo se produjo una convivencia tan absurda y contradictoria como en el siglo XVIII, cuando se inventaron las máquinas de vapor, los globos aerostáticos y la electricidad. Contrariamente a lo imaginado, el número de publicaciones relacionadas con la magia y los hechos inexplicables se incrementaron. Se imprimieron publicaciones comunitarias, ediciones sobre las antiguas versiones y profecías del futuro, al mismo tiempo que los escritos de los nuevos descubrimientos.

En ese tiempo surgieron por doquier las sociedades secretas, las sectas místicas, las curaciones milagrosas y las predicciones del futuro. La magia y el ocultismo proliferaron más que nunca en Europa, y llegaron a obtenerse extrañas remuneraciones y frutos en el desarrollo de esas actividades. Pero la fuerza de los eclesiásticos ya no era la misma, y no se atrevían a intervenir en el tema. El poder de otrora les había sido arrebatado.

Los intelectuales y los sabios, como reacción a las sangrientas guerras religiosas, a la Inquisición, convergieron en su gran mayoría en un rechazo a todos los dictados de la fe. Algunos de ellos se hicieron ateos, con todo lo que ello conllevaba para su vida espiritual. Era como la respuesta esperada a una superstición oscura y primitiva.

Es posible que su misión de pensadores de ese tiempo, que quizás debía ser más amplia, separando los fenómenos inexplicables de tantos siglos pasados, por medio de los métodos científicos, no tuvo lugar. Se adoptó, en cambio, una actitud tácita y silente en torno de dichos fenómenos.

Se consideraba por ese entonces en los círculos intelectuales que era un atraso tan solo admitir la posibilidad de su existencia. Los académicos de ese tiempo pensaban que debido al secular proceso de represión de los fenómenos mencionados, convirtió todo lo inexplicable en tabú.

Así todas las manifestaciones del ser humano que no podían ser explicadas por las ciencias académicas, que parecían cursar por fuera de los límites de los cinco sentidos y de las leyes naturales, fueron clasificadas como curiosidades de la demencia humana.

Por cierto que ya había personas que vieron con claridad dónde conducía la situación y las deficiencias de una actitud tan cerrada y radical. Por las claras se ponía en evidencia que el error de las generaciones pasadas había sido creerlo todo, y el error de esa época de la ilustración fue no creer en nada que no se pudiese comprender a la luz de los conocimientos de la época.

Algunos filósofos de ese tiempo se pronunciaron con cautela frente a la actitud negativa de los racionalistas, que se mostraban temerosos de todo lo inexplicable o extraordinario. Unos pocos de ellos sintieron cierta decepción por la actitud de la época y respondían que estos fenómenos se hallaban dentro de los límites de la naturaleza, aun sabiendo que no tenían todavía las claves para comprenderlo. Pensaban que todos nos movemos entre misterios, en una atmósfera de la que nada sabían y de igual forma ignoraban qué relación guardaba con el espíritu.

Pero lo cierto es que en determinadas circunstancias los hilos sensitivos de nuestra alma pueden transponer las fronteras del cuerpo humano y captar una imagen real de lo que nos reserva el futuro próximo. Esa época no tenía aún la madurez suficiente para un juicio imparcial en lo relativo a una visión científica de los fenómenos inexplicables.

No obstante, ya se estaba casi en el umbral del final del siglo XVIII, cuando en el campo de la medicina se produjeron descubrimientos con explicaciones notables, que la ciencia académica debió considerar a partir de ese momento. El estudio científico de los fenómenos inexplicables nos lleva a la investigación de las funciones de la personalidad humana, que ha impuesto el umbral de la consciencia.

En las últimas décadas del siglo XVIII los investigadores académicos comenzaron a estudiar la acción del magnetismo en el cuerpo humano, descubriendo que incluso sin imán se lograba obtener reacciones en el cuerpo que resultaban extrañas, produciendo en los pacientes un estado de somnolencia. En algunos de ellos, se mejoraban los síntomas y las dolencias por las cuales había consultado.

Ya en la Antigüedad se habían utilizado similares procedimientos para mejorar el estado de ciertos pacientes, como en los asclepiones griegos. Se sabía que en un estado de somnolencia artificial, en aquellos enfermos sensibles a la sugestión, podían observarse ciertas mejorías.

Los estudiosos del magnetismo llegaron a entender que con el tiempo de utilización de ese procedimiento, en el hombre además de lo puramente físico y de su espíritu existía un plano intermedio, algo que también ya era conocido de tiempos anteriores, había en el hombre singulares radiaciones de una energía desconocida. Una fuente energética que se exteriorizaba en un aura multicolor, visible para aquellos que tienen la capacidad de poder visualizarla. Algo que en casi todas las religiones era observado, la de representar a sus santos con un resplandor alrededor de la cabeza, resplandor sagrado que estaba plasmado en las pinturas.

El arte cristiano comenzó a representar con ese resplandor a partir del siglo V y durante la Edad Media, a los principales personajes de la Biblia, de Moisés a Jesús, a los apóstoles, santos y místicos. En ellos la santidad luminosa rodeaba en forma de corona plana sus cabezas o envolvía todo su cuerpo.

En este camino del estudio del magnetismo, se produjo algo que era nuevo y que era la experimentación, se comenzó entonces a investigar de manera experimental el tema. El hallazgo ocurrió un día en que uno de los enfermos se quedó dormido durante la magnetización y comenzó a hablar de repente, y cuando despertó, no recordaba nada de lo sucedido.

Se observó entonces en otros pacientes que se trataba de una clase de sueño muy especial en la que sólo podían entrar los pacientes magnetizados, era distinto del sueño natural y tenía características diferentes. Con esas observaciones, se estaba descubriendo el sonambulismo.

Investigaciones demostraron con posterioridad que en los pacientes magnetizados en su sueño especial estaban desprovistos de voluntad, seguían las indicaciones de los magnetizadores, podían seguir órdenes y también las obedecían con sus sensaciones: temblaban con el miedo, transpiraban con el calor, gemían de dolor o daban gritos de alegría.

También se observó que en el sueño magnético aparecían fenómenos extraños que aparentemente eran inexplicables, con lo que se concluyó que se estaba en presencia de una clarividencia sonámbula. Un paciente en una oportunidad supo de repente y con toda exactitud detalles de su dolencia física así como de dolencias de otras personas conocidas. También sabían dónde estaban escondidos algunos objetos perdidos y sin que se supiera claramente, se estaban construyendo las bases de la hipnosis.

Las fuerzas inexplicables que no conocemos suelen plantear incómodos dilemas a las personas como los sensitivos y los médiums, debido a que las capacidades especiales no son constantes y a veces, por motivos que no podemos entender, pueden desaparecer de forma repentina y totalmente, de modo pasajero o para siempre. Esto pudo llegar a ser un problema para los mediadores acostumbrados al éxito, como los casos de famosos médiums conocidos en casi todos los países de occidente del siglo XIX.

De una manera progresiva pero lentamente, luego de una tenaz observación y experimentación, algunos investigadores lograron establecer algunos hechos. Era una sucesión ininterrumpida de éxitos y de fracasos en los estudios realizados, porque tenían en su contra no sólo a la gran masa de personas que no entendían los hechos sino también, a los colegas que se burlaban de ello sin tomar el tema con la seriedad que la situación ameritaba.

Esta resistencia dificultó la lucha de los pioneros, dirigida a entender aquel mundo desconocido. Enfrentaban también a ciertos médiums ávidos de sensacionalismo, que aumentaban rápidamente por esos tiempos y que trataban de inventar procedimientos fraudulentos de lo más refinados.

En los años que marcaron el comienzo de la era victoriana, según puede observarse en las revistas británicas de la época, hubo una gran cantidad de descubrimientos, revelaciones y sensaciones de distinta índole. Existían las sesiones públicas y privadas de mediumnidad, así como investigaciones y experimentos con los fenómenos inexplicables y las fuerzas desconocidas.

En esos tiempos había un gran interés por los fenómenos paranormales en Inglaterra, pero uno de ellos produjo una especial consideración, el de los fenómenos de psicometría, que es la capacidad que tienen algunos médiums de adivinar con exactitud la procedencia y la historia de un objeto, lo referente a la vida de su propietario y también de su destino.

Algunos estudiosos piensan del tema que esta capacidad, de una forma muy general, expresa la medición por medio del alma. De algún modo también la apreciación de todos los casos de inteligencia humana de una enigmática sensibilidad.

Hay pensadores que creen que el desarrollo de la psicometría nos permitirá estudiar la historia del hombre, quizás hasta se podrá medir la profundidad del pasado y ofrecernos una visión ampliada de la Antigüedad. En algunos médiums estas características fueron realmente notables. Sólo con leer el escrito de un desconocido, era posible describir el carácter, las circunstancias especiales, las costumbres, el color de cabello y de los ojos. No obstante, en algunos países de Europa del siglo XIX, el momento para experimentos serios con los parafenómenos en general no era el adecuado, y por tanto, esas pruebas no tuvieron gran difusión en sus sociedades.

Para esos lugares el tiempo del idealismo filosófico ya había pasado, y los conceptos metafísicos y del romanticismo ya habían quedado relegados. Ellos estaban enfocados en ese momento en las ciencias naturales, que tenían un curso de constante ascenso en el mundo material, y tanto en la mecánica como en las ciencias de la salud todo estaba centrado en el concepto de lo que podía medirse o pesarse y que podía expresarse en cifras.

Por ese tiempo algunos científicos que estudiaban la cuarta dimensión trataron de relacionar este tema con algunos parafenómenos realizados en círculos moderados por un médium, en los cuales determinados objetos presentes en la reunión desaparecían y también otros objetos aparecían de la nada, de repente y de un modo muy misterioso.

Para los conceptos tradicionales de la tridimensión de una habitación, tales hechos resultaban incomprensibles. Se han realizado en ese tiempo experiencias con personalidades científicas presentes, que dieron fe de lo realizado por reconocidos médiums de esa época.

Los resultados positivos impresionaron a los presentes en la reunión, pero la difusión de la noticia fue casi nula. No obstante, a finales del siglo XIX comenzaron los primeros ensayos de para investigación en Inglaterra, y se debieron a circunstancias especiales. Ocurre que en la ciencia a menudo la determinación de nuevos e inexplicables hechos conduce al descubrimiento de aspectos imprevisibles de la existencia humana.

Se inicia entonces con un tema singular: el estudio de la transmisión del pensamiento y la sensibilidad, así como las emociones en algunas personas bajo hipnosis. Se pudo constatar, luego de algunos experimentos, que un médium cuyos ojos estaban vendados y bajo hipnosis sentía calor cuando su hipnotizador mantenía la mano sobre una vela encendida o podía identificar una carta de baraja oculta en un libro, luego de que su hipnotizador la mirase brevemente.

Estos experimentos pusieron en marcha en muchos lugares las experiencias de investigación, tendientes a dilucidar los hechos inexplicables hasta ese momento. Con ello surgieron también las primeras sociedades científicas, destinadas a corroborar los experimentos realizados por los investigadores, comprobando la veracidad de la experiencia y recibiendo información de distinto países, con referencia a los parafenómenos no explicables.

Estas organizaciones tomaron en sus manos un conjunto de actividades destinadas a la compilación de pruebas con respecto a lo actuado, con las apariciones en el plano físico de objetos y de entidades, de duración breve y efímera.

Otro género de fenómenos para ser estudiado fue el relacionado con las bilocaciones, que como sabemos son personas que estaban presentes en los aspectos físicos en dos lugares al mismo tiempo, relojes que se detenían inexplicablemente, jarrones que de improviso se rompían, un cuadro colgado sobre la pared que se pronto se descolgaba sin explicación aparente alguna, es decir fenómenos por el estilo.

Se le atribuía un valor especial a los casos referidos a un hecho que ya había sido relatado por escrito y fechado por alguna persona, antes de que la noticia llegase al médium. Con ello se inició un nuevo tiempo, una nueva era en los estudios y en las investigaciones de los fenómenos inexplicables.

Proliferaron entonces las reuniones con los médiums, llamados círculos. En cuanto el médium entraba en trance, hablaba con su control, que sustituía a su plena consciencia y que según nuestros actuales conocimientos, es un desdoblamiento de la personalidad de los sensitivos.

El último escalón de esta avanzada en el estudio de los parafenómenos fue la incorporación de la ciencia y de las estadísticas al estudio programado en laboratorios en torno a los hechos inexplicables.

Los aportes sociales de los sensitivos comprometidos

Los aportes sociales que pueden realizar los sensitivos a una comunidad son variados y de un amplio espectro de temas, pero todavía son desconocidos para la mayoría de las persona comunes, que los ven como algo poco tangible y en su mayoría como un accionar irrealizable en nuestros días. Perciben la idea con escepticismo.

Los trabajos escritos más conocidos de las actividades de estos sujetos en la comunidad se encaminan a la ubicación de objetos perdidos, también de personas extraviadas vivas o no, a la ubicación de delincuentes, entre otras. Algunos de ellos se percatan de sus facultades luego de accidentes, y los más dotados no reciben remuneración alguna por sus servicios y no quieren que se experimente con ellos en laboratorios, por miedo a perder sus capacidades. Otros sensitivos, por el contrario, se someten a pruebas a veces largas y agotadoras con el objetivo de que algunos investigadores experimenten con sus capacidades.

Para la comprensión básica de una persona, resulta inconcebible la descripción de hechos a veces ocurridos a miles de kilómetros de distancia de donde se encuentra el médium, con la alternativa en algunos casos de no conocer el lugar geográfico, la población o las circunstancias del hecho que genera la búsqueda por parte del sensitivo.

También la ciencia se encuentra en este caso frente a un enigma, pero las descripciones que realiza el sensitivo son realistas, y por tanto existe el legado en tales personas. Se ha podido comprobar muchas veces esta capacidad en los sensitivos de manera concluyente.

En algunas situaciones, el sensitivo puede lograr información que está en el inconsciente de las personas allegadas al objeto o también a la persona que se busca. A esta habilidad psíquica se la conoce con el nombre de "lectura del inconsciente excitado", y se logra por la vía telepática.

En otros casos en que parece improbable o imposible el conocimiento mediante la telepatía, se consiguen, no obstante, descripciones de una asombrosa exactitud de lugares situados a grandes distancias. En el parafenómeno de ver a la distancia, da la impresión de que el médium ha realizado un viaje astral al lugar. A esta habilidad se la conoce con el nombre de "clarividencia viajera".

Hay que recordar, en lo referente a las comunicaciones paranormales, que a veces los aciertos respecto de un hecho ocurren, y en otras situaciones, por el contrario, no se logran. El mejor sensitivo puede a veces equivocarse. Para ellos, es imposible dar los datos precisos a voluntad, ya que está en la naturaleza de los fenómenos extrasensoriales que en ocasiones sean vagos e imprecisos y en otras se expresen sólo con símbolos.

Por otro lado, ningún médium sabe reconocer si sus impresiones son fantasías, impresiones telepáticas, clarividencias o fenómenos mixtos. En las declaraciones de los sensitivos, hay a veces cambios con respecto al tiempo real, en el cual ha ocurrido un suceso determinado. A veces el hecho en cuestión ya se ha producido, o por el contrario, ocurrirá en algún momento.

Teniendo en cuenta que en las percepciones ultrasensoriales no parecen existir las categorías de espacio y tiempo, cuando un sensitivo tiene una percepción, casi nunca se sabe con seguridad si se trata de un acontecimiento del pasado, del presente o del futuro.

Algunos países que tenían una actitud refractaria otrora con respecto a los parafenómenos, luego de algunos experimentos de laboratorio han aceptado que por más misteriosos que parezcan los hechos inexplicables, existen y mediante las manifestaciones parapsicológicas y los experimentos realizados trataron de captar con diferentes aparatos las diferentes fuentes de energías supuestas que las producen en el fenómeno, cubriendo toda la idea imaginable, como frecuencia cardíaca, respiración, acciones sobre los músculos y las corrientes cerebrales.

En una experiencia de emisión y recepción de información por la vía telepática, se pudo comprobar que en el mismo momento la persona que funcionaba como emisor, separado por grandes distancias entre ambas de miles de kilómetros, comenzaba a concentrarse en la imagen o el mensaje a transmitir; en el otro extremo, el receptor tiene un cambio en sus corrientes cerebrales. Primero se excitará la parte anterior y central del cerebro de la persona receptora, y cuando hubo recibido las señales, se pondrá en actividad la parte posterior de su cerebro.

En la persona que actuaba como transmisora del mensaje telepático, al momento de la transmisión de pensamientos se observarán cambios notables en el diagrama del electroencefalograma, de la persona emisora del mensaje telepático.

Los objetivos de tales experiencias son muchos y tienen relación con el país donde se llevan a cabo, y a veces trascienden los límites de la ciencia para adentrarse en las motivaciones y en las necesidades del país.

Algunas personas de renombre mundial, y de las cuales no se permite dudar de sus escritos, relatan haber vivido la experiencia de desdoblamiento, habiéndose encontrado por instantes con su propia imagen frente a frente. Se ha dado en poetas conocidos en el mundo entero y también en escritores.

Situaciones como la descripta, en las que se presenta un doble, se las conoce con el nombre de "exteriorizaciones" y se han dado no sólo en artistas conocidos, sino también en personajes del mundo de la realeza como reinas y otros personajes históricos.

Una de las características de estas apariciones misteriosas es que algo parece separarse del organismo interno de la persona y la consciencia del sujeto, aparece fuera de este, en el exterior. Algunos aseguran que puede ser producto de una fantasía, de una enfermedad, de un presentimiento de muerte o de una fuerte excitación, que puede ser la causa en muchos casos. Sin embargo, son más difíciles de encuadrar estos hechos cuando las exteriorizaciones de dobles o fantasmas del propio yo son vistas por otra o varias personas.

Esto ha ocurrido más de una vez, en círculos laicos, así como en círculos religiosos. La Iglesia acepta la existencia de dichos fenómenos y los designa como fenómenos de bilocación, que son los casos en que el doble de una persona aparece también en otro lugar, en los mismos tiempos. De hecho, hay muchos casos de bilocaciones, probadas en religiosos católicos y también en laicos conocidos por sus otras actividades artísticas y literarias.

Los que han tenidos la experiencia de ver a personas bilocadas han querido tocarlas con las manos, y lo relatado es que sienten una leve resistencia al tacto, como si tocaran un fino tejido. Los que han querido apretar la figura del cuerpo bilocado con sus manos han atravesado con ella la figura. A veces, los cuerpos bilocados son visibles por algunos minutos y luego desaparecen.

El misterioso fenómeno de bilocación se puede producir en una persona a veces por largos períodos de tiempo, y pueden llegar a producirse por años. Esto genera en su entorno situaciones muy especiales que no les permite a veces conservar un trabajo, por las connotaciones que produce en su ámbito laboral o en su familia.

Aparte de la doble aparición, sea esta de la propia imagen o de otra persona, existen otros fenómenos de igual forma misteriosos, en los cuales el sujeto cree haberse separado de su propio cuerpo y además puede contemplarlo y observarlo. Esta visión de sí mismo se produce a menudo en situaciones de crisis, como en momentos de gran peligro, de dolores insoportables, de enfermedades mortales o en ocasiones poco antes de la muerte, según lo relatado por algunas personas que han podido contarlo.

Experiencias de esta clase demuestran que puede existir una consciencia clara, aun cuando el cuerpo de la persona se encuentra en situaciones anómalas. Se dice que algunas personas defienden la postura de que la consciencia no está ligada a la función regular del cerebro, sino sólo condicionada y dirigida por él.

Estos casos demuestran sobre todo el hecho de que en circunstancias psicofísicas muy especiales, se puede producir no sólo una separación entre la psiquis y el cuerpo, sino que también puede lograrse un desdoblamiento de la propia personalidad. A veces las personas que vivencian estas experiencias pueden recordar con exactitud cómo han abandonado el cuerpo.

Se ha relatado que el cuerpo se abandona por la cabeza, y algunos lo han descripto como estar en el aire flotando como una pelota, y sujeto al mundo por una especie de cinta elástica. Se produce en algunas personas cuando están gravemente enfermas, con fiebre alta y delirio. En tales situaciones, ciertos sujetos pueden tener percepciones paranormales, de las cuales pueden a veces acordarse con toda claridad cuando salen del delirio y la fiebre desaparece.

Una situación de gran temor y susto puede en algunas circunstancias ser causa de estas experiencias fuera del cuerpo, como la de grandes accidentes o de traumatismos severos, situaciones en las que, como ya se ha mencionado, pueden también a veces producirse parafenómenos.

Estas experiencias pueden tener lugar en una amplia diversidad de fenómenos, y en algunos de ellos, parece que el yo no está unido al cuerpo de algún modo. Se sabe y se siente como una consciencia incorpórea, que emprende diversas categorías de viajes astrales.

Estas experiencias generan casi siempre un fuerte escepticismo y críticas de grado virulento, al igual que la experiencia de la visión de sí mismo. No obstante, se puede visualizar en ellos una notable ventaja. Son los fenómenos vistos por personas extrañas los que prueban con mayor fuerza el carácter objetivo de la exteriorización. Por otro lado, las experiencias propias facilitan una información más profunda y clara del yo interior, de los sentimientos que tienen las personas al salir del cuerpo y al regresar a él, así como del movimiento incorpóreo por el espacio de una consciencia despierta.

Son en especial interesantes los relatos de las experiencias descriptas por los viajeros astrales, algunas de las cuales son muy conocidas y están narrados en libros. Estos viajeros cuentan que cuando se encuentran flotando, observan a veces un cordón plateado que une su cuerpo astral a su cuerpo físico.

Este relato ha sido mencionado desde la Antigüedad en narraciones de fenómenos de estas características. Algunos de estos viajeros tienen cientos de estas experiencias a lo largo de los años y les resulta difícil entender que la existencia de una consciencia astral no sea conocida por todos los seres humanos. No creen, de hecho, que se ponga en duda una experiencia tan real. Muy pocos de estos viajeros astrales logran después de muchos esfuerzos provocar conscientemente el fenómeno, manteniendo la consciencia despierta.

Se ha observado que algunas de las personas que pueden realizar viajes astrales son con frecuencia de naturaleza enfermiza

Sueños de nuestra vida

desde su juventud. Se asocian estas características de salud a los fenómenos que logran, y lo cierto es que en algunos de ellos, luego de sanar completamente de sus dolencias corporales, comienzan a espaciarse los viajes astrales y al final dejan de producirse. Por varias razones estos fenómenos no fueron estudiados hasta mediados del siglo XX.

Se comenzó por la revisión de los hechos conocidos hasta esa época, material escrito que procedía en general de países occidentales. La clasificación y la evaluación de los escritos fue el principio de la investigación. Lo que surgió de la evaluación de trescientos casos de personas que habían tenido experiencias de viajes astrales fueron seis características especiales que suelen emerger en experiencias de esta clase y que son las que se enuncian a continuación.

La persona que experimenta el fenómeno tiene la sensación de abandonar el cuerpo físico a través de la cabeza, y en el momento en que la consciencia se separa del cuerpo, se produce una muy breve pérdida del conocimiento, y entonces el cuerpo consciente flota sobre el cuerpo físico. Luego de un tiempo, tiene lugar el regreso, que también produce una breve pérdida del conocimiento, y que cuando es demasiado rápido, puede causar un choque en el cuerpo.

Los investigadores del tema han descubierto que las experiencias que se producen de manera espontánea son provocadas por los estados normales, como el sueño, las enfermedades o el agotamiento físico, y son siempre mucho más vívidas que las producidas por la hipnosis o las logradas por medio de la concentración.

La parapsicología ha logrado mediante los estudios de investigación metódica de algunos estudiosos nuevos conocimientos de gran importancia en el tema de las proyecciones fuera del cuerpo. Las experiencias iniciales estuvieron dirigidas a que algunas personas pudieran voluntariamente lograr las experiencias extracorporales en laboratorios, para luego poder

147

estudiar en los campos de la psicología de esas personas y también en su fisiología.

Algunas de estas personas con las capacidades mencionadas fueron estudiadas con electroencefalogramas y polidiagramas, pero usualmente estos condicionamientos de estudios en lugares especiales a la manera de laboratorios experimentales limitan en gran medida el ejercicio de las capacidades de estos sensitivos.

Lo más relevante de estos estudios de laboratorio es que la experiencia extracorpórea que otrora era considerada una anécdota ya ha sido reconocida como un fenómeno especial en los ambientes profesionales de los laboratorios modernos de la parainvestigación. Quizás cuando estén dadas las condiciones para que ocurran nuevos descubrimientos y observaciones, se pueda avanzar en otros conocimientos. Por el momento, sólo pueden hacerse suposiciones y sugerirse algunas posibilidades.

Cuando ocurran nuevos descubrimientos y observaciones en la investigación de la exteriorización, quizás podrían ampliarse nuestros conceptos actuales de lo que llamamos consciencia y también obtenerse nuevos conocimientos respecto de las exteriorizaciones o apariciones que son inexplicables hasta ahora.

La pregunta que subyace es si existe en el hombre una parte consciente que puede operar independientemente del cuerpo físico. Los investigadores se preguntan qué ocurre cuando el cuerpo muere.

Todas las personas perciben y acumulan mucha más información de la que suponen. En la memoria retenemos solamente una cantidad muy pequeña de ella. Pero lo que es percibido puede surgir en nuestra consciencia frente a circunstancias especiales, a veces se provoca, y entonces de pronto nos llega un recuerdo que nuestra comprensión no había asimilado.

A veces una experiencia ya conocida puede basarse en un sueño precognitivo, que no hemos olvidado. Cuando el suceso ya intuido ocurre realmente, es posible que el confuso re-

Sueños de nuestra vida

cuerdo de lo soñado nos cause la impresión de haberlo vivido. Sobre el tema se han desarrollado muchas investigaciones de casos documentados y atestiguados. En la mayoría de ellos las coincidencias eran tan específicas y particulares, que no eran atribuibles a la casualidad.

Algunos estudiosos creen que a veces puede ocurrir que aparezcan cosas olvidadas en el subconsciente, una especie de memoria génica como parte de la herencia de los recuerdos, provenientes de los padres de la persona considerada. Sin embargo, consideran también la posibilidad de procesos paranormales que pueden jugar un rol definitorio. Como sabemos, la información referente a persona muertas y de su vida puede ser captada por medio de la clarividencia y la telepatía de los sensitivos.

Cuando ellos son niños, a menudo muestran pautas específicas de conducta en sus hábitos y en sus movimientos, incluso a veces características físicas que distinguían a la persona que ya no está en el mundo físico, como el oficio, la misma forma de hablar y otras características personales.

Frente a estos hechos, la inquietud y la curiosidad son grandes cuando se investiga por qué un niño determinado se identifica con tanto convencimiento e intensidad con una persona que ya no está en el mundo físico.

Los nuevos enfoques de los investigadores están dirigidos a las influencias psíquicas sobre los organismos vivos. Por caso, los estudios de la voluntad humana que puede ejercer algún tipo acción sobre el mundo vegetal están siendo desarrollados desde mediados del siglo XX y despertaron al mismo tiempo incredulidad y también asombro.

Se cree que en la vida vegetal existe una percepción primaria aún no definida, y son alentadoras las experiencias realizadas con electrodos fijados a las hojas de un filodendro, que por medio de un polidiagrama dibuja en varias curvas las oscilaciones rítmicas normales de las reacciones vitales de la planta, midiendo diferentes situaciones de riesgo para la planta y para representantes del reino animal. Es como si existieran señales que algunas células emiten frente al peligro a todos los demás seres vivos y que se encuentran alejadas de todas las frecuencias conocidas.

La investigación en este campo se está iniciando, son temas novedosos y tienen lugar en esferas desconocidas de cuya existencia los científicos de hace pocas décadas no se atrevían siquiera a imaginar.

En nuestro tiempo se investigan estas reacciones con toda clase de plantas verdes, sus hojas, sus frutos, cultivos de hongos, huevos y células vivas. Se han realizado también experiencias de las influencias del pensamiento humano, sobre los tejidos de las plantas.

Los experimentos de fenómenos inexplicables se han llevado no sólo al reino vegetal, sino también al reino animal, donde han llegado también las experiencias con fenómenos extrasensoriales. Los ejemplos de conducta animal inexplicable son numerosos y variados. Se cree que también ellos pueden realizar percepciones extrasensoriales, como auténticos fenómenos de la naturaleza.

Se desconoce todavía por caso de qué modo se realizan las migraciones anuales de muchas especies de aves, mariposas y animales marinos, que pueden recorrer miles de kilómetros y cómo logran orientarse en el espacio. Hay que incluir también los casos de los animales domésticos, que vuelven a sus hogares después de recorrer grandes distancias. Regresan a la casa de su propietario porque se han perdido o han sido abandonados, en especial los perros, los gatos y las palomas.

Desde hace mucho tiempo algunos investigadores experimentan con los posibles fenómenos extrasensoriales en animales, con especial atención en gatos y en palomas. Se cree que los ratones son los mejores animales experimentales, junto a los pollitos de pocos días de edad.

El hombre, como ha sido supuesto y también comprobado, tiene la capacidad de influir de manera decisiva sobre la vida vegetal y sobre la vida animal, usando la fuerza de su psiquis. Puede dirigir hasta cierto punto los procesos dinámicos del crecimiento de vegetales y animales, según lo demuestran los descubrimientos modernos.

Estos experimentos comenzaron en la segunda mitad del siglo XX, y por entonces se tenía el objetivo de averiguar si era posible también tener influencia psíquica sobre los seres vivos de órdenes inferiores del género animal o si sería posible influir mentalmente sobre la germinación y el crecimiento de las semillas.

También por la misma época otro descubrimiento interesante fue el de las extraordinarias virtudes curativas, algo que ya se practicaba desde la más remota Antigüedad, un hecho en el que los hombres se han esforzado una y otra vez. La de curar sin la ayuda de la ciencia médica, con sólo posar la manos. Casi siempre aparecía alguien que lo lograba: desde los curanderos de los pueblos primitivos y los reyes medievales, hasta llegar a los numerosos terapeutas de nuestros días.

La ciencia académica rara vez tomó en serio este tema, y cuando se lograba alguna curación, casi siempre era atribuida a la sugestión. Ya en la segunda mitad del siglo XX, se realizaron estudios multidisciplinarios con ratones, en los que se trató de que los animales fueran influenciados por un sensitivo luego de la provocación de un traumatismo. Utilizando grupos control y de estudio, sin tocar a los animales y éstos estaban cubiertos de forma que no se los veía.

Los resultados luego de un período de tratamiento fueron sorprendentes según los investigadores actuantes. Se hicieron también estudios con plantas, de igual forma con resultados muy estimulantes.

Todos estos estudios estaban dirigidos a saber cuáles eran las condiciones que podrían eventualmente influenciar los fenómenos extrasensoriales, la manera de favorecerlos y también la forma de controlarlos, de qué situaciones dependen las fuerzas psíquicas y cómo se manifiesta fisiológicamente en el hombre. En realidad todo lo conducente a poder entender algún día los mencionados y misteriosos parafenómenos.

Los fenómenos extrasensoriales desde su aparición espontánea en la Antigüedad hasta nuestros días en los más diversos grupos étnicos en todos los países pueden ser considerados como una aptitud normal y natural de todos los hombres.

Las investigaciones y los casos comprobados dieron como resultado que los parafenómenos aparecidos entre las tribus primitivas de países lejanos como Australia no se diferencian especialmente en su estructura fundamental de los manifestados entre los indígenas de cualquier país centroamericano o sudamericano, europeos occidentales u orientales, norteamericanos, chinos, hindúes, asiáticos o japoneses.

Por lo relatado o escrito hasta el momento, ningún hombre, sea sensitivo o no, ha logrado controlar totalmente estas capacidades, ya sea mediante estímulos específicos o luego de un entrenamiento de su capacidad innata. Los fenómenos paranormales no son de naturaleza física, y todavía no se sabe exactamente dónde se originan o tienen su origen en el cuerpo humano. El proceso tiene lugar casi siempre de manera inconsciente, no puede producirse o dirigirse a voluntad de la persona que lo origina.

Esto quedó establecido de manera fehaciente en los fenómenos espontáneos, que emergen en las situaciones críticas, como son los accidentes o los peligros de muerte. Pero pueden también favorecer la aparición de señales informativas espontáneas, con motivos de índole emocional o en las relaciones afectivas íntimas, en situaciones de un gran interés o entusiasmo. También en el deseo de distinguirse.

En ocasiones se ha demostrado que juega un rol importante la actitud personal ante la pregunta de si los parafenómenos son posibles o no. En las experiencias realizadas con estudiantes con una actitud positiva, se logró un número mayor de aciertos que en los compañeros de curso con una actitud escéptica. Al parecer, los escépticos pueden rechazar inconscientemente las respuestas acertadas de la prueba test, por lo que su oposición causa un efecto de eliminación del fenómeno.

De una manera muy general, la experiencia ha demostrado que la simpatía o afinidad entre las personas tiene un efecto muy positivo en el fenómeno de la telepatía. De forma contraria, una actitud hostil o de antipatía hacia el investigador puede estar reflejada en los resultados de la prueba.

Las experiencias con niños de edad escolar realizadas en algunos países demostraron que el éxito de las transmisiones de pensamiento depende en gran medida de los factores emocionales de los niños.

Las investigaciones de los parafenómenos en nuestro tiempo incorporan cada vez más las referencias y los aspectos fisiológicos de los sujetos que realizan la experiencia, para poder empezar a entender las condiciones en las que los fenómenos ocurren. Dicho de una manera clara, poder entender qué ocurre con la fisiología del sujeto en los momentos del despliegue de sus capacidades paranormales.

Estos estudios han conducido a descubrimientos muy útiles. La medición de las corrientes cerebrales provistas por medio de la ayuda del electroencefalógrafo indicó que tanto en los experimentos de clarividencia como en los de precognición, existe una franca correlación entre un número elevado de aciertos de las personas investigadas y la frecuencia de las llamadas ondas alfa. Estas corrientes cerebrales sólo aparecen en un estado de serenidad psíquicamente pasiva.

Existen también otros aparatos que sirven para registrar cambios en el ritmo cardíaco, la respiración y las pulsaciones de las personas que voluntariamente se prestan a la realización de estos experimentos. También en algunos países han ensayado la medición del campo electrostático de los sujetos que experimentan las mencionadas capacidades.

Algunos investigadores realizan estudios de mediciones en determinados y específicos puntos del sistema nervioso, asistidos por el mapa de zonas neurológicas del cuerpo humano, estudiados por la práctica china de la acupuntura. Los recientes aparatos inventados registran tensiones eléctricas especiales en dichos puntos terapéuticos.

La investigación se esfuerza por realizar desde todos los ángulos los estudios de los fenómenos inexplicables y también por identificar cuáles son las situaciones que pueden llegar a inhibirlos, tanto en los casos espontáneos observados como en los experimentos cualitativos.

Ya se sabe de la importancia que puede tener un cambio en especial en la disminución de la consciencia, cuyos estudios iniciales tuvieron lugar en los años finales del siglo XIX, con el comienzo de la aplicación de la hipnosis a distancia en 1889. Esa razón llevó a algunos experimentadores a utilizar diferentes metodologías para provocar de manera artificial en las personas estudiadas cambios en su estado mental.

Los investigadores también experimentaron con ciertos medicamentos que tienen acción de psicofármacos y pudieron comprobar que las dosis más elevadas de estos remedios incrementaban el número de aciertos en una experiencia determinada. De igual modo que la cafeína y las grandes cantidades de alcohol, en las persona que están habituadas a estas sustancias dieron mejores resultados las pruebas test realizadas.

Los ejercicios de concentración mental como el yoga practicado en la India hace más de tres mil años pertenecen entre otras a las técnicas destinadas a lograr el trance psíquico que puede en algunas personas lograr en determinados momentos la apertura espiritual que suele conducir en determinados momentos a las percepciones extrasensoriales.

Las técnicas y los medios que utilizan las personas sensitivas para lograr esos estados semiconscientes o de trance son diversas: algunas de ellas lo hacen tomando en sus manos un material inductor psicométrico, objetos de uso diario que han pertenecido largo tiempo a una persona determinada.

Con estos objetos logran hacer un pronóstico de sus propietarios. Otras personas logran producir su propio trance por medio de algo que se parece a una autohipnosis, que les abre el camino hacia la visión interior. Además existen otros mecanismos, como son la bola de cristal, las barajas de cartas especiales con símbolos específicos, con los que logran la concentración y la protección en contra de las percepciones de los sentidos.

Las personas sensitivas y los médiums suelen cambiar la voz cuando están en trance y muchas veces también varían totalmente el ritmo respiratorio posibilitando un equilibrio diferente al usual en los contenidos de oxígeno y de anhídrido carbónico en su sangre, y con ello, como consecuencia del entrenamiento a lo largo del tiempo y en la nueva situación, producen una disminución del estado de consciencia.

Todas estas situaciones recuerdan en esencia algo muy parecido a lo que ocurría en los antiguos oráculos, en los que los sensitivos se ubicaban sobre las hendiduras del terreno de los que emanaban gases con propiedades narcóticas, que condicionaban e inspiraban a la persona vidente para realizar pronósticos de la verdad de una situación que ocurriría o ya había ocurrido en una cultura determinada.

De un modo similar, la respiración entrecortada causaba a veces un incremento de anhídrido carbónico en la sangre. Con frecuencia también las personas con este motivo realizaban prolongadas danzas rituales o cánticos que lograban en el sujeto un estado de trance en el cual podían a veces producirse fenómenos paranormales.

Los académicos del estudio de los fenómenos paranormales piensan que la relación entre la fisiología del cuerpo humano, los procesos químicos y biológicos que tienen lugar en los fluidos corporales y la menor actividad cerebral como las vivencias paranormales no está aún de ningún modo totalmente determinada.

Con la incorporación de la parapsicología al estudio de los fenómenos inexplicables que están más allá de nuestros sentidos, los nuevos conocimientos respecto a estas capacidades psíquicas y las fuerzas desconocidas que dormitan en el hombre se convirtieron en un desafío constante para las ciencias como la física, la biología, la teología o las doctrinas religiosas.

Tal vez sería necesaria una revisión de muchos conceptos considerados otrora como válidos, a la luz de los nuevos descubrimientos y comprobaciones. Acaso se tendrán que dejar de lado algunos conceptos aceptados como absolutos, y revisar hechos realmente comprobables de los cuales ignoramos su mecanismo. El crecimiento acelerado de las semillas sometidas a la influencia psíquica de una persona sensitiva, por ejemplo, parece indicar la existencia de un notable fenómeno. También hay consideraciones escritas de lugares milagrosos en que ocurren hechos notables en personas que tienen fe en el efecto curativo de estos lugares.

En la observación y en el estudio de estos hechos algunas son personas comunes y en otras situaciones son profesionales de diferentes disciplinas los que han observado la resolución de algunos problemas de salud de seres humanos que han visitado esos lugares religiosos. La única condición indispensable para lograrlo es la plegaria u oración y no necesariamente de la persona que tienen la dolencia. A veces es suficiente que lo haga alguien de su proximidad familiar o de su entorno físico, en el momento de la visita al lugar.

Estos hechos son de una gran importancia y demuestran la realidad de las relaciones todavía desconocidas entre los procesos psíquicos y los orgánicos de la persona. Si bien ya se han logrado avances a lo largo del siglo XX, el campo de investigación es extenso, y las fronteras son desconocidas y están llenas de fenómenos misteriosos.

Al respecto hay un tema muy discutido y que es el de los diagnósticos paranormales, que se inició en el siglo XIX con las curas o terapias magnéticas. Son conocidos también muchos casos de personas que en estado de sonambulismo han descripto los síntomas de enfermedades ajenas.

De igual modo se han relatado casos de personas que de manera inexplicable y sin conocimientos de anatomía y fisiología especiales pueden visualizar procesos de enfermedad en su propio cuerpo. También hay otros informes referentes a personas que puede describir el historial de enfermedad de un ser humano con solo pasar las manos por encima del cuerpo del paciente. Algunos sensitivos pueden visualizar la enfermedad de una persona a la distancia con solo tocar un objeto que le pertenece al ser enfermo, sin que él esté presente. Otros pueden hacer lo mismo mediante la observación del aura de la persona.

En toda situación, y aunque en un gran número de casos los diagnósticos realizados por la vía paranormal resultan acertados, necesitan imperiosamente de la corroboración y de la comprobación de un médico especialista en el tema.

Como ya se ha escrito en muchas oportunidades, la misión primordial de todas las ciencias es obtener pruebas irrefutables de los hechos. El estudio de las investigaciones psíquicas se inició en las últimas décadas del siglo XIX; las instituciones que apoyaron desde el comienzo estos estudios siguen sus objetivos, y los resultados obtenidos de esos estudios, se publican con regularidad desde entonces.

La conclusión lograda, y eje de estas investigaciones, es que las percepciones extrasensoriales existen y que a esta altura de los acontecimientos no es sólo una cuestión de fe sino también del conocimiento. No obstante, esto no implica que hayan sido aceptadas por la ciencia, como por los representantes de diversas disciplinas, o que se haya comenzado a reflexionar sobre las consecuencias de estos fenómenos.

Una gran parte de las persona prefieren aferrarse a los conceptos ya aprendidos, aunque estos necesiten de una revisión. Las consecuencias, así como las conclusiones que resultan del descubrimiento y de la demostración de los parafenómenos, de algún modo cambiaron la actitud materialista en las relaciones humanas.

Los nuevos cambios observados y parecidos a los que se han alcanzado en la parapsicología se han obtenido también en la física hace algunas décadas, salvando las distancias entre ambas disciplinas.

En el mundo de hoy ya se acepta que más allá del mundo material que nuestros cinco sentidos puedan medir, pesar y analizar, existe un orden de índole diferente, que todavía no puede ser imaginado o comprendido por nosotros.

El hombre puede tener acceso a fuerzas desconocidas y posibilidades que aún dormitan en él y que de hecho no están facilitadas por la razón y su capacidad para pensar, sino en la profundidad de su espíritu, porque es en ese otro universo donde tienen lugar los parafenómenos, carecen de validez las leyes de nuestro cinco sentidos y además no existe el espacio, ni el tiempo, ni la causalidad.

Todavía no se puede predecir cuándo se logrará aclarar el tema de los fenómenos estudiados por la parapsicología así como cuándo la persona podrá realizarlos en estado consciente, capacidades que son de momento patrimonio de aquellos seres especiales como son los sensitivos y los médiums.

Por ahora se dispone de una certeza atestiguada, comprobada y demostrada muchas veces, y es que en las profundidades de nuestro ser, duermen posibilidades y energías que no son advertidas o imaginadas y que están más allá del mundo consciente.

Nuestros conocimientos provienen de innumerables fuentes del saber y que son mencionadas con frecuencia en el desarrollo de la historia y que todavía nos asombran en los informes de capacidades especiales. Se manifiestan en personas y surgen de improviso, como si la naturaleza quisiera que observemos, contemplemos y descubramos el mundo que espera ser descifrado.

Las capacidades extraordinarias de algunas personas no pueden ser el producto de sucesos racionales, y lo relatado por ellos mismos es que les surgen de repente como algo similar a la intuición. Sin embargo, cuando son niños y comienza la educación regular, a veces suelen ir disminuyendo sus capacidades, y en algunos casos simplemente las pierden.

De una forma totalmente inesperada, se presentan en el hombre pensamientos o ideas que no han sido experimentadas y que lo sorprenden e inspiran. Son hechos significativos a los que no les presta atención, son creaciones del espíritu humano que tienen originalidad y que no proceden del plano de la consciencia. Tienen lugar en un ambiente que está más allá de ella y que esperan el momento posible para emerger en la consciencia con fuerzas que no pueden ser detenidas por la autoridad que tienen y que hacen valer imperativamente.

Estas vivencias las han tenido grandes escritores, poetas, músicos, pintores y otros artistas de todos los tiempos. Con bastante frecuencia, las inspiraciones se producen durante el sueño. De diferentes y múltiples maneras, la naturaleza obsequia a los hombres sus increíbles capacidades de forma esporádica e imprevisible, hasta podría decirse que de manera caprichosa y cuando menos lo esperan, les entrega sus grandiosos regalos.

Se sabe que hay una condición para que el fenómeno se produzca, y es que esté desconectada la consciencia, el pensamiento lógico y también los cinco sentidos, o que estos últimos no estén funcionando regularmente, como en los diferentes estados del sueño o estados catalépticos.

Existe también otro plano que es el de las producciones dirigidas, procedentes del subconsciente, referidas a la escritura, versificación, pintura y dibujo, como expresiones automáticas.

La hipnosis de nuestros días, cuyas actividades precursoras fueron los magnetismos, permite atravesar el umbral de la consciencia y posibilita que emerjan diferentes clases de sensibilidades y la manifestación de fuerzas nuevas y centrales. Se pueden despertar procesos y reacciones no accesibles por medio de la voluntad y que son controladas solamente por el sistema nervioso autónomo o vegetativo. Puede modificarse por caso el ritmo cardíaco, la irrigación sanguínea de diversos órganos y la temperatura del cuerpo.

También son notables los efectos psicodinámicos, logrados en el trance hipnótico. En estado profundo, muchas personas logran una exacerbada sensibilidad de los sentidos o hiperestesia. Los más relatados son los referidos al oído, la vista y la memoria. A veces estos últimos hechos son recibidos y fijados por el inconsciente y puestos a la luz en el proceso hipnótico.

Nuestro cuerpo hace lecturas y observaciones de manera independiente, de las cuales no tenemos manifestaciones conscientes. Los estudios realizados con un aparato conocido como el taquistoscopio, que muestra por tiempo breves imágenes o palabras, han demostrado que el cuerpo humano capta, registra y acumula impresiones de manera independiente y también puede reaccionar con emociones a ellas, sin que el sujeto lo perciba. De hecho, existe un camino a la posibilidad de persuadir a alguien de alguna situación, por medio del subconsciente sin que el consciente lo sospeche.

La sugestión inconsciente puede ser transmitida también por medios mecanizados durante el sueño y ejerce influencia si se la efectúa regularmente durante un período suficiente de tiempo. Los métodos de sugestión inconsciente son utilizados en algunos países de mediano y alto desarrollo tecnológico desde hace ya muchos años por medio de los efectos de las técnicas publicitarias, de los efectos de sub-ondas en las imágenes y en los tonos del sonido.

Finalmente, en el camino de lo esencial y que supera a los procesos normales conocidos, en las diversas aristas de la biología y de la psicología, hay hechos que ya no son discutibles, que demuestran que la actividad del espíritu no se limita a la función y la colaboración de los órganos del cuerpo sino que además, puede proceder de manera independiente.

Los grandes pensadores y estudiosos del siglo XX han escrito en varias oportunidades que el hombre tiene la fuerza necesaria para superar su posición actual, pero para lograrlo tiene que tomar la determinación de querer hacerlo. Si se esfuerza en ese camino, quizás podrá lograr algún día planos cada vez más elevados de su consciencia y con ello nuevas capacidades.

ÍNDICE

Agradecimientos — 7

Introducción — 9

Los diferentes estados de consciencia — 23

Las diferentes comunicaciones con el yo profundo — 45

Los contactos intermentales, la clarividencia — 53

Los conocimientos que no son nuestros — 61

Lo que los objetos nos relatan — 75

Los viajes hacia el pasado para nuestro aprendizaje — 87

El rastro de una consciencia diferente — 99

Los hombres de ciencia que enfrentan lo desconocido — 111

Las fuerzas que no conocemos y que nos asustan — 125

Los aportes sociales de los sensitivos comprometidos — 141

Editorial LibrosEnRed

LibrosEnRed es la Editorial Digital más completa en idioma español. Desde junio de 2000 trabajamos en la edición y venta de libros digitales e impresos bajo demanda.

Nuestra misión es facilitar a todos los autores la edición de sus obras y ofrecer a los lectores acceso rápido y económico a libros de todo tipo.

Editamos novelas, cuentos, poesías, tesis, investigaciones, manuales, monografías y toda variedad de contenidos. Brindamos la posibilidad de comercializar las obras desde Internet para millones de potenciales lectores. De este modo, intentamos fortalecer la difusión de los autores que escriben en español.

Ingrese a www.librosenred.com y conozca nuestro catálogo, compuesto por cientos de títulos clásicos y de autores contemporáneos.

www.ingramcontent.com/pod-product-compliance
Lightning Source LLC
Chambersburg PA
CBHW020357170426
43200CB00005B/198